Kim Laura Geyer

Methoden der Unternehmensbewertung

Ein Überblick über Anlass, Funktion und Zweck der Bewertungsverfahren

Bibliografische Information der Deutschen Nationalbibliothek:

Die Deutsche Nationalbibliothek verzeichnet diese Publikation in der Deutschen Nationalbibliografie; detaillierte bibliografische Daten sind im Internet über http://dnb.d-nb.de abrufbar.

Impressum:

Copyright © EconoBooks 2020

Ein Imprint der GRIN Publishing GmbH, München

Druck und Bindung: Books on Demand GmbH, Norderstedt, Germany

Covergestaltung: GRIN Publishing GmbH

Inhaltsverzeichnis

Abbildungsverzeichnis

Tabellenverzeichnis

Abkürzungsverzeichnis

AG	Aktiengesellschaft
APV	Adjusted Present Value
BGB	Bürgerliches Gesetzbuch
CAPM	Capital Asset Pricing Model
DCF	Discounted Cashflow
EBIT	Earnings Before Interest and Taxes
e.V.	Eingetragener Verein
FCF	Free Cashflow
FTE	Flow to Equity
HGB	Handelsgesetzbuch
IDW	Institut der Wirtschaftsprüfer in Deutschland e.V.
KMU	Kleine und mittlere Unternehmen
NWB	Neue Wirtschafts-Briefe
StuB ,	NWB Unternehmenssteuern und Bilanzen' (Zeitschrift)
TCF	Total Cashflow
WACC	Weighted Average Cost of Capital
WPH	Wirtschaftsprüfer-Handbuch
WISU ,	Das Wirtschaftsstudium' (Zeitschrift)

1 Problemstellung

„Derjenige, der eine Unternehmung kaufen will, ist wirtschaftlich an nichts anderem interessiert als daran, was die Unternehmung ihm in Zukunft erbringen wird."[1] Mit diesem Zitat möchte Schmalenbach die Abhängigkeit des Unternehmenswertes von der in Zukunft resultierenden Nutzenstiftung aufzeigen. Große Einflussfaktoren für diese sind demzufolge die Positionierung des Unternehmens auf dem Markt, das Image, der Wissensstand sowie die Motivation der Mitarbeiter, aber auch die Vielfältigkeit oder das Alleinstellungsmerkmal der Produktpalette. Weitere Aspekte bilden neben den Gebäuden sowie vorhandenen Maschinen die Roh-, Hilfs- und Betriebsstoffe. Im Allgemeinen bedeutet Unternehmensbewertung die Ermittlung potenzieller Preise für Unternehmen im Ganzen oder einzelne Unternehmensteile.[2] Es handelt sich somit um einen Bewertungsvorgang, mit dem Ziel, dem Unternehmen oder einem Teil davon einen Wert zuzuordnen. Dabei ist eine Wertermittlung nur dann sinnvoll, wenn ein Zweck dahintersteht und dieser bekannt ist.[3] Generell ist festzuhalten, dass die im Rahmen der verschiedenen Methoden ermittelten Werte von den Beteiligten unterschiedlich gesehen werden. Während beispielsweise der Käufer den Wert als Obergrenze betrachtet, stellt dieser für den Verkäufer die untere Preisgrenze dar. Der ermittelte Wert kann in einem gewissen Rahmen vom tatsächlich gezahlten Preis abweichen.[4] Der Preis ist als Geldbetrag definiert, der auf Märkten (aus Angebot und Nachfrage) zustande kommt.[5] Er stellt beispielsweise den tatsächlich bezahlten Preis für ein gekauftes Gut dar.

---

[1] Schmalenbach, Eugen; Bauer, Richard: Die Beteiligungsfinanzierung. 9. Aufl., Köln, Opladen, 1966, S. 36.

[2] Vgl. Peemoller, Volker H.: Wert und Werttheorien. In: Praxishandbuch der Unternehmensbewertung. Grundlagen und Methoden, Bewertungsverfahren, Besonderheiten bei der Bewertung. Hrsg.: V. H. Peemöller. 7. Aufl. Herne: 2019. S.1-15, S. 3.

[3] Vgl. Peemöller, Volker H.: Anlässe der Unternehmensbewertung. In: Praxishandbuch der Unternehmensbewertung. Grundlagen und Methoden, Bewertungsverfahren, Besonderheiten bei der Bewertung. Hrsg.: V. H. Peemöller. 7. Aufl. Herne: 2019. S. 17-29, S. 19.

[4] Vgl. Ihlau, Susann; Duscha, Hendrik: Besonderheiten bei der Bewertung von KMU. Planungsplausibilisierung, Steuern, Kapitalisierung. 2. Aufl., Wiesbaden, 2019, S. 18.

[5] Vgl. C.: Unternehmensbewertung der Mittel- und Kleinbetriebe. Betriebswirtschaftliche Verfahrensweisen. 5. Aufl., Bd. 69, Berlin, 2012, S. 57 und Institut der Wirtschaftsprüfer in Deutschland e.V. (IDW): IDW Standard: Grundsätze zur Durchführung von Unternehmensbewertungen (IDW S1). Stand: 04.07.2016, Düsseldorf, 2017, S. 6.

Der Preis eines Unternehmens hingegen ist das Resultat eines Verhandlungsprozesses zwischen den beiden Vertragsparteien.[6] Trotz allem steht jeder Kauf oder Verkauf mit einer Bewertung in Verbindung.[7] Schließlich wird ein rationaler Käufer der Transaktion nur dann zustimmen, wenn er dem Unternehmen einen höheren Wert als den verhandelten Preis zuordnet.[8] Primär leitet sich der Wert eines Unternehmens aus dessen Charakteristik ab, finanzielle Überschüsse zum Vorteil der Eigentümer zu generieren.[9] Im heutigen nationalen sowie internationalen Marktumfeld bedingt eine Vielfalt an definierten Anlässen die Unternehmensbewertung.[10] Vorgänge, wie der Verkauf von Unternehmen oder ein Börsengang, wären ohne Durchführung einer Unternehmensbewertung nicht oder nur beschränkt realisierbar. Die Märkte sind durch höheren Konkurrenzdruck geprägt, ausgelöst insbesondere durch die Globalisierung.[11] Auch den wirtschaftlichen Abschwung in Deutschland und anderen Ländern können manche Unternehmen als Chance sehen, um sich nachhaltig zu vergrößern. Im aktuellen Wirtschaftsgeschehen beschäftigt sich die thyssenkrupp AG mit der Zukunft ihrer Aufzugssparte. Erhöhte Verluste im Stahlbereich sowie im Anlagenbau und eine schwache Nachfrage nach Autoteilen stellen Problemfelder des Konzerns dar.[12] Daher besteht dessen Überlegung darin, einen Börsengang durchzuführen oder die Sparte ganz oder teilweise zu verkaufen,

---

[6] Vgl. Liebert, Melanie: Der Wert eines Unternehmens. In: Unternehmens- und Praxisübertragungen. Entgeltliche und unentgeltliche Übertragungen von Einzelunternehmen und Gesellschaftsanteilen, Nachfolgeregelungen in Zivil- und Steuerrecht, Unternehmensbewertung. Hrsg.: P. Wollny. 8. Aufl. Herne: 2015. S. 257-353, S. 263 und C.: Unternehmensbewertung…, a.a.O., S. 57.

[7] Vgl. C.: Unternehmensbewertung…, a.a.O., S. 57.

[8] Vgl. Liebert, Melanie: Der Wert…, a.a.O., S. 263.

[9] Vgl. ebenda, S. 263 und Ihlau, Susann; Duscha, Hendrik: Besonderheiten…, a.a.O., S. 19.

[10] Vgl. Seppelfricke, Peter: Handbuch Aktien- und Unternehmensbewertung. Bewertungsverfahren, Unternehmensanalyse, Erfolgsprognose. 4. Aufl., Stuttgart, 2012, S. 5. Vgl. auch Höpfl, Volker; Hülskamp, Frank: Unternehmensbewertung. In: Kauf, Verkauf und Übertragung von Unternehmen. Hrsg.: H.-U. Lang; C. Ossola-Haring. 2. Aufl. Weil im Schönbuch: 2015. S. 496-552, S. 498 f.

[11] Vgl. Peemöller, Volker H.; Beckmann, Christoph: Der Realoptionsansatz. In: Praxishandbuch der Unternehmensbewertung. Grundlagen und Methoden, Bewertungsverfahren, Besonderheiten bei der Bewertung. Hrsg.: V. H. Peemöller. 7. Aufl. Herne: 2019. S. 1583-1614, S. 1585.

[12] Vgl. Kaeckenhoff, Tom; Steitz, Christoph (2019). Thyssenkrupp rührt vor Elevator-Verkauf die Werbetrommel (WWW-Seite, Stand: 11.12.2019). Internet: https://de.reuters.com/article/deutschland-thyssenkrupp-idDEKBN1YF1I9 (Zugriff: 12.12.2019, 13:28 MEZ).

um Gelder für Wachstumsinvestitionen[13] zu gewinnen.[14] Zum Zeitpunkt der Erstellung dieser Bachelorarbeit steht die Entscheidung, die für das erste Quartal 2020 erwartet wird, noch aus.[15] Somit wird auch die thyssenkrupp AG einer Unternehmensbewertung unterzogen. Expertenschätzungen zufolge beläuft sich der Wert der Aufzugssparte auf mehr als 15 Milliarden Euro.[16] Doch die damit zusammenhängende entscheidende Frage lautet: Wie lässt sich feststellen, wie viel das Unternehmen oder eine seiner Sparten wert ist? Bereits in den 1970er- und zu Beginn der 1980er-Jahre fanden Diskussionen hinsichtlich der richtigen Unternehmensbewertung sowie des richtigen Wertes statt.[17] Grundsätzlich ist zunächst eine Antwort auf die Frage zu finden, welche Verfahren in der Theorie existieren. Die daraus resultierende ausgiebige Literaturrecherche stellt daher einen wesentlichen Bestandteil dieser Abschlussarbeit dar. Die Nachforschung ergibt, dass zahlreiche Methoden zur Ermittlung des Unternehmenswertes herangezogen werden können, die unterschiedlich etabliert sind. Ziel dieser Bachelorarbeit ist es daher, die Konzepte zur Unternehmensbewertung vorzustellen, Unterschiede aufzuzeigen und daraus abzuleiten, welches Verfahren bevorzugt Anwendung findet. Mit Experten geführte Interviews untermauern die Bedeutsamkeit der einzelnen Methoden. Auch ein Fallbeispiel des fiktiven Unternehmens ‚Aufzugsexperten AG' wird zur Veranschaulichung der etabliertesten Verfahren herangezogen. Zu Beginn dieser Bachelorarbeit ist es daher notwendig, die Bewertungsanlässe sowie -funktionen zu beschreiben, da diese gemeinsam den Zweck bestimmen.[18]

---

13 Unter einer *Wachstumsinvestition* werden die Investitionen eines Unternehmens, zum Beispiel in Maschinen oder auch Know-How verstanden, um dessen Wachstum in der Zukunft zu sichern.

14 Vgl. Kaeckenhoff, Tom; Steitz, Christoph (2019). Thyssenkrupp rührt..., a.a.O.

15 Vgl. ebenda.

16 Vgl. ebenda.

17 Vgl. Peemöller, Volker H.: Grundsätze ordnungsmäßiger Unternehmensbewertung. In: Praxishandbuch der Unternehmensbewertung. Grundlagen und Methoden, Bewertungsverfahren, Besonderheiten bei der Bewertung. Hrsg.: V. H. Peemöller. 7. Aufl. Herne: 2019. S. 31-50, S. 33.

18 Vgl. Höpfl, Volker; Hülskamp, Frank: Unternehmensbewertung, a.a.O., S. 498.

2 Theoretische Grundlagen

2.1 Anlässe einer Unternehmensbewertung

Die Unternehmensbewertung ist von einer Vielzahl an Bewertungsanlässen geprägt, die unterschiedlicher Konzepte sowie Vorgehensweisen bedürfen.[19] Daher ist es in einem ersten Schritt notwendig, Klarheit bezüglich der Anlässe zu schaffen, da es diesen entsprechend sowohl rechtliche als auch vertragliche Regelungen zu beachten gibt.[20] Hierdurch wird eine sachgerechte Bewertung ermöglicht.[21] In diesem Zusammenhang ist der Kauf oder Verkauf von Unternehmen oder deren einzelner Teile als klassischer Bewertungsanlass zu nennen.[22] Daneben zählen Fusionen, das Eintreten oder Ausscheiden von Gesellschaftern, die Barabfindung von Minderheiten, aber auch steuerrechtliche Anlässe im Rahmen der Erbschafts- oder Schenkungssteuer zu weiteren möglichen Anlässen.[23] Deren Vielfältigkeit bewirkt, dass keine klare Einteilung in Gruppen erfolgen kann.[24] Dementsprechend gibt es eine große Anzahl an möglichen Klassifizierungsansätzen.[25] Überwiegend differenziert sich die Vielfalt an Bewertungsanlässen dahingehend, ob sich in der Folge Veränderungen der Eigentumsverhältnisse ergeben.[26] An diesen Punkt knüpfen Höpfl und Hülskamp mit ihrer Klassifizierung an (siehe Abbildung 2.1).

Mithilfe der Abbildung 2.1 wird sichtbar, dass eine Unterscheidung zwischen transaktions- und nicht transaktionsbezogenen Anlässen erfolgt. Während Erstere eine Veränderung der Eigentumsverhältnisse eines Unternehmens bewirken, stehen Letztere nicht mit einer solchen Veränderung in Verbindung.[27] Dabei wird bei

---

[19] Vgl. Zwirner, Christian: Unternehmensbewertung im Mittelstand. Überblick und Empfehlungen für die Praxis. In: NWB Unternehmenssteuern und Bilanzen (StuB), Beilage zu Heft 7/2014, S. 1-16, S. 2.

[20] Vgl. Diedrich, Ralf; Dierkes, Stefan: Kapitalmarktorientierte Unternehmensbewertung. Stuttgart, 2015, S. 23.

[21] Vgl. ebenda, S. 23.

[22] Vgl. Höpfl, Volker; Hülskamp, Frank: Unternehmensbewertung, a.a.O., S. 498.

[23] Vgl. Höpfl, Volker; Hülskamp, Frank: Unternehmensbewertung, a.a.O., S. 498 f. und Matschke, Manfred J.: Grundzüge der funktionalen Unternehmensbewertung. In: Handbuch Unternehmensbewertung. Anlässe, Methoden, Branchen, Rechnungslegung, Rechtsprechung. Hrsg.: K. Petersen; C. Zwirner. 2. Aufl. Köln: 2017. S. 31-51, S. 35.

[24] Vgl. Peemöller, Volker H.: Anlässe…, a.a.O., S. 19.

[25] Vgl. ebenda, S. 19.

[26] Vgl. Zwirner, Christian: Unternehmensbewertung im…, a.a.O., S. 2.

[27] Vgl. Höpfl, Volker; Hülskamp, Frank: Unternehmensbewertung, a.a.O., S. 499.

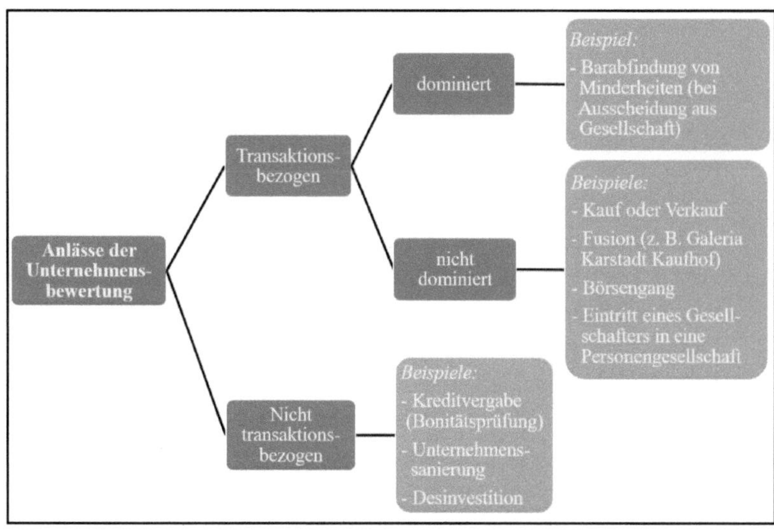

Abbildung 2.1: Klassifizierung der Bewertungsanlässe
Quelle: Eigene Darstellung in Anlehnung an Höpfl, Volker; Hülskamp, Frank: Unternehmensbewertung, a.a.O., S. 499 f.

transaktionsbezogenen Anlässen eine vertragliche Vereinbarung bezüglich des zu bewertenden Unternehmensteils angestrebt.[28] Der im Rahmen der nicht transaktionsbezogenen Anlässe ermittelte Wert dient als Entscheidungshilfe.[29] Als Beispiel ist die Bonitätsprüfung im Hinblick auf Fremdfinanzierung zu nennen. Hierbei steht die Bonität (Kreditwürdigkeit) des Kreditnehmers für den Fremdkapitalgeber im Vordergrund. In Abhängigkeit vom Ergebnis der Kreditwürdigkeitsprüfung erfolgt die Kreditvergabe. Ferner lassen sich transaktionsbezogene Anlässe in nicht dominierte und dominierte Verhandlungssituationen untergliedern. Im Rahmen einer dominierten Situation ereignet sich die Umsetzung einer Transaktion wider den Willen einer der beiden beteiligten Parteien.[30] Der Dominierende verfügt über eine Machtposition, aufgrund der eine Mitwirkung der jeweils anderen Partei gegenstandslos ist. Veranschaulicht wird dies durch das Ausscheiden eines Minderheitsgesellschafters[31]. Die Ursache stellt beispielsweise ein Ausschluss durch die

---

[28] Vgl. Höpfl, Volker; Hülskamp, Frank: Unternehmensbewertung, a.a.O., S. 499.

[29] Vgl. ebenda, S. 499.

[30] Vgl. Drukarczyk, Jochen; Schüler, Andreas: Unternehmensbewertung. 7. Aufl., München, 2016, S. 4.

[31] Ein *Minderheitsgesellschafter* hat im Vergleich zu einem Mehrheitsgesellschafter eine geringere Beteiligung am Anteil einer Gesellschaft.

anderen Gesellschafter dar, der einseitig initiiert wird und daher nicht verhindert werden kann. Als Entschädigung steht dem Ausscheidenden prinzipiell eine Abfindung zu.[32] Aus diesem Grund ist das Unternehmen gefordert, eine Unternehmensbewertung zum Zeitpunkt des Ausscheidens durchzuführen. Im Unterschied dazu ist im Falle einer nicht dominierten Verhandlungssituation eine Transaktion nur dann möglich, wenn beide Parteien dieser zustimmen.[33] Exemplarisch ist der klassische Kauf beziehungsweise Verkauf eines Unternehmens anzuführen. Auch das Management-Buy-out[34] ist in diesem Zusammenhang zu nennen. Nur wenn beide Parteien mit der Transaktion einverstanden sind, erfolgt eine Umsetzung. Darüber hinaus bestehen in der Theorie weitere Ansichten im Hinblick auf die Klassifizierung der Bewertungsanlässe. Diese reichen von einer Einordnung hinsichtlich der Lebensphasen eines Unternehmens, wie von der Gründung zu einer möglichen Sanierung, bis hin zu einer Einteilung nach der Art der Regelung.[35] So unterscheidet Zwirner zwischen unternehmerischen Initiativen (z. B. Kauf und Verkauf), bilanziellen Anlässen (z. B. Bewertung immaterieller Vermögenswerte), privatrechtlichen Ursachen (z. B. Eintritt von Gesellschaftern und Erbauseinandersetzungen) und gesetzlichen Beweggründen (z. B. Schenkung eines Unternehmens oder seiner Teile).[36] Ähnlicher Auffassung ist das Institut der Wirtschaftsprüfer in Deutschland e.V. (IDW), das zwischen unternehmerischen Initiativen, Anlässen der externen Rechnungslegung sowie vertraglichen Vereinbarungen beziehungsweise gesellschaftlichen oder gesetzlichen Vorschriften und sonstigen Gründen differenziert.[37] Darstellung der Funktionen und Zwecke der Unternehmensbewertung

---

[32] Vgl. § 738 BGB, Absatz 1, Satz 2 und Hannes, Frank; König, Jan: Die Rechtsprechung zur Unternehmensbewertung. In: Praxishandbuch der Unternehmensbewertung. Grundlagen und Methoden, Bewertungsverfahren, Besonderheiten bei der Bewertung. Hrsg.: V. H. Peemöller. 7. Aufl. Herne: 2019. S. 1513-1550, S. 1516.

[33] Vgl. Ihlau, Susann; Duscha, Hendrik: Besonderheiten..., a.a.O., S. 23 und Drukarczyk, Jochen; Schüler, Andreas: Unternehmensbewertung, a.a.O., S. 3.

[34] Der Begriff *Management-Buy-out* ist definiert als eine Art und Weise der Unternehmensnachfolge, bei der eine Übernahme des Unternehmens durch das eigene Management erfolgt.

[35] Vgl. Seppelfricke, Peter: Handbuch Aktien- und..., a.a.O., S. 5.

[36] Vgl. Zwirner, Christian: Unternehmensbewertung im..., a.a.O., S. 2.

[37] Vgl. Institut der Wirtschaftsprüfer in Deutschland e.V. (IDW): IDW Standard..., a.a.O., S. 4.

2.1.1 Funktionen aus Sicht der funktionalen Unternehmensbewertung

Im Rahmen der Unternehmensbewertung kann der Bewerter unterschiedliche Funktionen wahrnehmen. Dabei wird in Anlehnung an die funktionale Unternehmensbewertung zwischen Haupt- und Nebenfunktionen differenziert.[38] Als Erstere lassen sich die Beratungs-, Vermittlungs- und Argumentationsfunktion unterscheiden.[39] Ihre Gemeinsamkeit besteht darin, dass sie eine Veränderung der Eigentumsverhältnisse bewirken.[40] Im Rahmen der Beratungsfunktion übernimmt der Bewerter für den Auftraggeber die Vorbereitung der Entscheidungsfindung und nimmt zur Aufgabenerfüllung dessen Interessen wahr.[41] Allerdings beschränkt sich die Tätigkeit auf eine Partei.[42] Zweck ist es, einen subjektiven Entscheidungswert zu ermitteln.[43] Aus Sicht des Verkäufers gibt es eine Preisuntergrenze, ab der sich die Veräußerung seines Unternehmens rechnet.[44] Deshalb wird er einen Grenzpreis festlegen wollen, der beim Verkauf nicht unterschritten werden darf. Demgegenüber wird ein Käufer eine Preisobergrenze definieren, bis zu deren Höhe sich ein Kauf rentiert.[45] Auch er braucht die Festlegung eines Grenzpreises, um mit dem Verkäufer in Verhandlung treten zu können. Daher zählt zu den Aufgaben eines Beraters beispielsweise die Definition zweier Werte für den Verkäufer.[46] Einer stellt den angestrebten Verkaufspreis dar, der andere wird als Preisuntergrenze definiert, die der Unternehmensabsicherung und Wahrung der Interessen des Verkäufers dient. Hierbei ist es von besonderer Bedeutung, die subjektiven Wertvorstellungen des Auftraggebers zu berücksichtigen.[47] Im Rahmen einer reinen Kapitalbeteiligung ist es für den Käufer sinnvoll, mögliche Synergien zu überprüfen.[48] Eine

---

[38] Vgl. Maier, David A.: Bewertungsanlässe und -funktionen. In: Unternehmensbewertung für Praktiker. Hrsg.: G. Kranebitter; D. A. Maier. 3. Aufl. Wien: 2017. S. 3-26, S. 19.

[39] Vgl. Peemöller, Volker H.: Wert und..., a.a.O., S. 8.

[40] Vgl. Matschke, Manfred J.: Grundzüge..., a.a.O., S. 34.

[41] Vgl. Peemöller, Volker H.: Wert und..., a.a.O., S. 8.

[42] Vgl. Matschke, Manfred J.: Grundzüge..., a.a.O., S. 36; Liebert, Melanie: Der Wert..., a.a.O., S. 268.

[43] Vgl. Liebert, Melanie: Der Wert..., a.a.O., S. 268 und Henselmann, Klaus: Geschichte der Unternehmensbewertung. In: Praxishandbuch der Unternehmensbewertung. Grundlagen und Methoden, Bewertungsverfahren, Besonderheiten bei der Bewertung. Hrsg.: V. H. Peemöller. 7. Aufl. Herne: 2019. S. 97-132, S. 118.

[44] Vgl. Diedrich, Ralf; Dierkes, Stefan: Kapitalmarktorientierte..., a.a.O., S. 25.

[45] Vgl. Diedrich, Ralf; Dierkes, Stefan: Kapitalmarktorientierte..., a.a.O., S. 25.

[46] Vgl. Höpfl, Volker; Hülskamp, Frank: Unternehmensbewertung, a.a.O., S. 500.

[47] Vgl. Seppelfricke, Peter: Handbuch Aktien- und..., a.a.O., S. 9.

[48] Vgl. Höpfl, Volker; Hülskamp, Frank: Unternehmensbewertung, a.a.O., S. 500.

davon könnte zum Beispiel die Ergänzung des Produktportfolios sein.[49] Damit einhergehend ist die Vermittlungsfunktion zu nennen. Diese basiert auf den bereits ermittelten Entscheidungswerten der beiden Parteien.[50] Auf Grundlage dieser Grenzpreise muss der Vermittler einen Einigungspreis vorschlagen, der auch Arbitriumwert genannt wird.[51] Folglich soll zwischen den differenzierten Preisvorstellungen ein fairer sowie angemessener Einigungspreis erzielt werden.[52] Die einfachste Variante, diesen festzulegen, besteht in der Mittelung der Differenz zwischen den Grenzpreisen der Parteien.[53] Zur Ermittlung des Arbitriumwertes ist es erforderlich, dass die Preisobergrenze des Käufers oberhalb der Preisuntergrenze des Verkäufers liegt. Ist dies nicht der Fall, ist der Einigungsprozess schwer realisierbar. Liegt eine dominierte Situation ohne Transaktionsbereich vor, muss der Bewerter trotzdem eine Lösung vorschlagen.[54] Auch im Kontext mit der Argumentationsfunktion bilden die Entscheidungswerte eine Basis.[55] Hierbei besteht die Notwendigkeit eines Bewerters darin, den Auftraggeber mittels stichhaltiger Argumente bei seiner Transaktion zu unterstützen.[56] Dies kann auch bei Auseinandersetzungen vor Gericht Verwendung finden.[57] Zur Erhöhung des Verkaufspreises oder Verbesserung des Entschädigungsanspruchs eignen sich beispielsweise Argumente bezüglich synergetischer Effekte.[58] Zusammenfassend ist festzustellen, dass sich der Bewerter im Rahmen der Beratungs- sowie Argumentationsfunktion nur auf eine Konfliktpartei konzentriert, während für die Vermittlungsfunktion beide Seiten berücksichtigt werden.[59] Bei Informations-, Steuerbemessungs- sowie Vertragsgestaltungsfunktionen wird hingegen von Nebenfunktionen gesprochen.[60] Darunter fallen noch weitere Funktionen, auf die in der vorliegenden Arbeit nicht weiter eingegangen wird.[61] Im Gegensatz zu den Haupt- betreffen

---

49 Vgl. Zwirner, Christian: Unternehmensbewertung im..., a.a.O., S. 7.

50 Vgl. Seppelfricke, Peter: Handbuch Aktien- und..., a.a.O., S. 9.

51 Vgl. Peemöller, Volker H.: Wert und..., a.a.O., S. 9.

52 Vgl. ebenda, S. 9.

53 Vgl. Höpfl, Volker; Hülskamp, Frank: Unternehmensbewertung, a.a.O., S. 501.

54 Vgl. Seppelfricke, Peter: Handbuch Aktien- und..., a.a.O., S. 9.

55 Vgl. ebenda, S. 9.

56 Vgl. Diedrich, Ralf; Dierkes, Stefan: Kapitalmarktorientierte..., a.a.O., S. 26.

57 Vgl. Peemöller, Volker H.: Wert und..., a.a.O., S. 10.

58 Vgl. ebenda, S. 10.

59 Vgl. Matschke, Manfred J.; Brösel, Gerrit: Funktionale Unternehmensbewertung. Eine Einführung. Wiesbaden, 2014, S. 10.

60 Vgl. Peemöller, Volker H.: Wert und..., a.a.O., S. 8.

61 Vgl. Diedrich, Ralf; Dierkes, Stefan: Kapitalmarktorientierte..., a.a.O., S. 25 und 27.

Nebenfunktionen nicht Unternehmensbewertungen, die mit einer Veränderung von Eigentumsverhältnissen einhergehen.[62] Im Zusammenhang mit der Informationsfunktion liegt der Fokus auf der Bereitstellung von Angaben in Bezug auf die Ertragskraft des Unternehmens.[63] Die Ermittlung des Wertes basiert auf den Vorschriften der Rechnungslegung und schützt folglich Gläubiger sowie außenstehende Gesellschafter.[64] Das Handelsgesetzbuch (HGB) benennt in diesem Kontext allgemeine Bewertungsgrundsätze. Hierzu zählt unter anderem das Vorsichtsprinzip.[65] Dieser Grundsatz besagt, dass die im Jahresabschluss ausgewiesenen Schulden sowie Vermögensgegenstände mit Vorsicht zu bewerten sind.[66] Dazu müssen dementsprechend alle vorhersehbaren Verluste und Risiken ebenso berücksichtigt werden wie die zum Abschlussstichtag bereits realisierten Gewinne.[67] Dagegen zielt die Steuerbemessungsfunktion auf die Bemessungsgrundlagen (z. B. für die Erbschafts- oder Vermögenssteuer) nach den steuerrechtlichen Anforderungen ab.[68] Zuletzt wird die Vertragsgestaltungsfunktion als Nebenfunktion angeführt. Zu ihren Hauptaufgaben gehören sowohl die Erstellung als auch die Interpretation vertraglicher Regelungen.[69] Insbesondere in Gesellschaftsverträgen spielen Vertragswerte bei der Formulierung von Abfindungsklauseln eine große Rolle.[70] Diese können von Gesellschaftsvertrag zu Gesellschaftsvertrag variieren und dienen dem Schutz der ausscheidenden Gesellschafter.[71] Das Augenmerk liegt dabei auf der Ermittlung des Abfindungswertes.[72]

---

[62] Vgl. Maier, David A.: Bewertungsanlässe und…, a.a.O., S. 21 und Matschke, Manfred J.: Grundzüge…, a.a.O., S. 31.

[63] Vgl. Peemöller, Volker H.: Wert und…, a.a.O., S. 13.

[64] Vgl. ebenda, S. 13.

[65] Vgl. § 252 HGB, Absatz 1, Satz 4.

[66] Vgl. ebenda.

[67] Vgl. ebenda.

[68] Vgl. Diedrich, Ralf; Dierkes, Stefan: Kapitalmarktorientierte…, a.a.O., S. 27.

[69] Vgl. Seppelfricke, Peter: Handbuch Aktien- und…, a.a.O., S. 10.

[70] Vgl. ebenda, S. 10.

[71] Vgl. Peemöller, Volker H.: Wert und…, a.a.O., S. 13.

[72] Vgl. ebenda, S. 13.

2.1.2 Funktionen aus Sicht der Wirtschaftsprüfer

Grundsätzlich erfolgt die Wertermittlung auch in der Praxis funktionsbezogen.[73] Je nach Aufgabenstellung kann der Wirtschaftsprüfer im Rahmen der Unternehmensbewertung verschiedene Rollen annehmen. Das IDW benennt die in der nachfolgenden Grafik 2.2 veranschaulichten Funktionen.

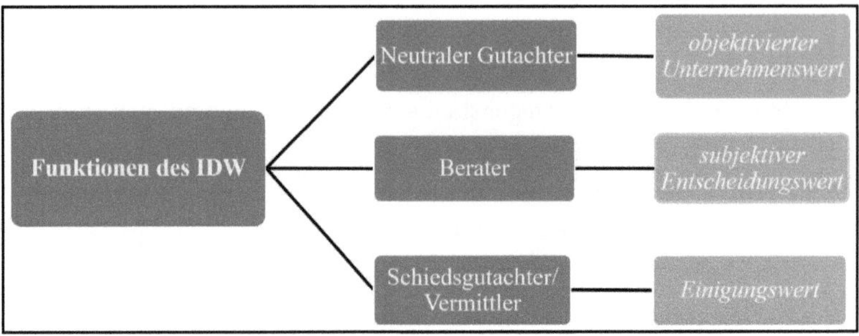

Abbildung 2.2: Funktionen aus der Perspektive der Wirtschaftsprüfer
Quelle: Eigene Darstellung in Anlehnung an Institut der Wirtschaftsprüfer in Deutschland e.V. (IDW): IDW Standard..., a.a.O., S. 5.

Mithilfe der Abbildung 2.2 wird deutlich, dass sich das IDW in großen Teilen im Hinblick auf die Struktur ihrer Funktionen an die funktionale Unternehmensbewertung anlehnt. Eine Gegenüberstellung zeigt jedoch, dass vereinzelt Abweichungen bestehen. Deutlich erkennbar ist, dass sich das IDW lediglich auf drei Funktionen fokussiert. Darüber hinaus erfolgt keine Unterteilung in Haupt- und Nebenfunktionen. Der Wirtschaftsprüfer kann dabei die Rollen des neutralen Gutachters, Beraters oder Schiedsgutachters beziehungsweise Vermittlers übernehmen. Diese Funktionen stellen folglich seine Hauptaufgaben dar. Dabei wird mit der Beratungsfunktion aus beiden Sichtweisen das gleiche Ziel verfolgt. Bezüglich der Schiedsgutachter-/Vermittlungsfunktion ist zu ergänzen, dass der Wirtschaftsprüfer in der Position des Schiedsgutachters einen Einigungswert feststellt und in der Rolle des Vermittlers diesen Wert vorschlägt.[74] Im Gegensatz dazu ist die Argumentationsfunktion der funktionalen Unternehmensbewertung in der Systematisierung des IDW nicht aufgelistet. Darüber hinaus ist die Funktion des neutralen Gutachters zu nennen. Demnach ist es die Pflicht des Wirtschaftsprüfers, einen

---

[73] Vgl. Zwirner, Christian: Unternehmensbewertung im..., a.a.O., S. 2.

[74] Vgl. Institut der Wirtschaftsprüfer in Deutschland e.V. (IDW): IDW Standard..., a.a.O., S. 5 und Matschke, Manfred J.: Grundzüge..., a.a.O., S. 38.

unabhängigen Unternehmenswert zu bestimmen.[75] Dieser wird objektivierter Unternehmenswert genannt, dessen bedeutsame Eigenschaft die intersubjektive Nachprüfbarkeit darstellt.[76] Das heißt, dass verschiedene unabhängige Bewerter den ermittelten Wert gleichermaßen nachvollziehen und -prüfen können. Dabei finden die individuellen Wertvorstellungen der Auftraggeber keine Berücksichtigung. Zur Objektivierung der Unternehmensbewertung werden hingegen Typisierungen[77] verwendet.[78] Demnach ermittelt sich der objektivierte Wert unter Berücksichtigung eines typisierten Investors (Gruppe von Personen) anstelle eines Individuums.[79] Wird von einer Weiterführung des Betriebes ausgegangen, so basiert die Wertermittlung auf existenten Unternehmenskonzepten sowie wirklichkeitsnahen Zukunftserwartungen.[80] Im Regelfall findet diese Art der Wertermittlung bei unternehmerischen Initiativen, wie dem Kauf eines Unternehmens, Anwendung und liefert infolgedessen eine Informationsgrundlage für erfolgreiche Preisverhandlungen.[81]

2.2 Skizzierung der Entwicklung der verschiedenen Werttheorien

In den vergangenen Jahrzehnten haben sich die Werttheorien weiterentwickelt. Bis zu den 50er-/60er-Jahren des vergangenen Jahrhunderts dominierte die objektive Unternehmensbewertung.[82] Zu diesem Zeitpunkt stellte sich der objektive Wert als selbstständige und innewohnende Eigenschaft des Unternehmens dar.[83] Exemplarisch ist demzufolge als innewohnendes Merkmal das Gewicht zu nennen.[84] Dieses ist objektiv fassbar.[85] Damit einhergehend wurde dieser Wert ohne Berück-

---

[75] Vgl. Henselmann, Klaus: Geschichte..., a.a.O., S. 119.

[76] Vgl. Hannes, Frank; König, Jan: Die..., a.a.O., S. 1519.

[77] Für weiterführende Ausführungen zum Thema *Typisierungen* vgl. Wollny, Christoph: Der objektivierte Unternehmenswert. Unternehmensbewertung bei gesetzlichen und vertraglichen Bewertungsanlässen. 3. Aufl., Herne, 2018, S. 42 f.

[78] Vgl. ebenda, S. 42 und Hannes, Frank; König, Jan: Die..., a.a.O., S. 1519.

[79] Vgl. Hannes, Frank; König, Jan: Die..., a.a.O., S. 1519 sowie Diedrich, Ralf; Dierkes, Stefan: Kapitalmarktorientierte..., a.a.O., S. 31 und Wollny, Christoph: Der..., a.a.O., S. 42 f.

[80] Vgl. Institut der Wirtschaftsprüfer in Deutschland e.V. (IDW): IDW Standard..., a.a.O., S. 9.

[81] Vgl. ebenda, S. 9 und Peemöller, Volker H.: Wert und..., a.a.O., S. 11.

[82] Vgl. Maier, David A.: Bewertungsanlässe und..., a.a.O., S. 14 sowie Matschke, Manfred J.; Brösel, Gerrit: Funktionale..., a.a.O., S. 5 und Hannes, Frank; König, Jan: Die..., a.a.O., S. 1519.

[83] Vgl. Höpfl, Volker; Hülskamp, Frank: Unternehmensbewertung, a.a.O., S. 504.

[84] Vgl. C.: Unternehmensbewertung..., a.a.O., S. 59.

[85] Vgl. ebenda, S. 59.

sichtigung der Belange der daran Interessierten sowie der Zwecke erstellt.[86] Nur die Substanz des Unternehmens findet sich in der Bewertung wieder.[87] Grundlage für die objektiven Unternehmenswerte war die Idee, möglichst neutrale Bewertungskriterien zu benutzen, mit dem Ziel, unterschiedliche Interessen zwischen den Konfliktparteien zu überwinden.[88] Diese Neutralität wies eine markante Vergangenheits- sowie Gegenwartsorientierung auf.[89] Anknüpfend an diesen Ausgangspunkt lassen sich Rückschlüsse auf zukünftige potenzielle Möglichkeiten und Überschüsse nur schwer darstellen. Weitere Kritik ergibt sich aus der Tatsache, dass bei dieser Bewertungsart keine Berücksichtigung der einzelnen Interessen der Verkäufer und Käufer erfolgt.[90] Ferner ist festzuhalten, dass der Wert aus einer Objekt-Subjekt-Beziehung resultiert und somit nicht objektiv ermittelt werden kann.[91] In abgewandelter Form findet sich dieses Konzept als objektivierter Wert im IDW Standard wieder.[92] Er kann als Verhandlungsgrundlage angesehen werden und sich zu einem subjektiven Wert weiterentwickeln.[93] Basierend auf den genannten Kritikpunkten erfolgte in den 1960er-Jahren der Wechsel zur subjektiven Werttheorie.[94] Hierbei erfolgt die Bewertung des Unternehmens auf Grundlage eines Gebrauchswertes.[95] Dieser drückt den individuellen Nutzen eines Bewertungssubjektes aus.[96] Im Gegensatz zur objektiven Wertkonzeption stellt der Unternehmenswert keine selbstständige Eigenschaft mehr dar, sondern wird durch den Einfluss eines Werturteils geprägt. Daher fließen die Planungen, Ziele sowie Vorstellungen des Individuums in die Bewertung ein.[97] Ferner finden mögliche

---

86 Vgl. Höpfl, Volker; Hülskamp, Frank: Unternehmensbewertung, a.a.O., S. 504.

87 Vgl. ebenda, S. 504.

88 Vgl. Matschke, Manfred J.; Brösel, Gerrit: Funktionale…, a.a.O., S. 5.

89 Vgl. ebenda, S. 5.

90 Vgl. Peemöller, Volker H.: Wert und…, a.a.O., S. 5.

91 Vgl. ebenda, S. 5.

92 Vgl. Matschke, Manfred J.: Grundzüge…, a.a.O., S. 40.

93 Vgl. Peemöller, Volker H.: Wert und…, a.a.O., S. 6.

94 Vgl. Maier, David A.: Bewertungsanlässe und…, a.a.O., S. 14; Henselmann, Klaus: Geschichte…, a.a.O., S. 117.

95 Vgl. Höpfl, Volker; Hülskamp, Frank: Unternehmensbewertung, a.a.O., S. 504; Peemöller, Volker H.: Wert und…, a.a.O., S. 6.

96 Vgl. Höpfl, Volker; Hülskamp, Frank: Unternehmensbewertung, a.a.O., S. 504; Matschke, Manfred J.; Brösel, Gerrit: Funktionale…, a.a.O., S. 6; Maier, David A.: Bewertungsanlässe und…, a.a.O., S. 16.

97 Vgl. Matschke, Manfred J.; Brösel, Gerrit: Funktionale…, a.a.O., S. 6 und Hannes, Frank; König, Jan: Die…, a.a.O., S. 1519.

Synergiepotenziale sowie Verbundeffekte Berücksichtigung.[98] Dies zeigt, dass durch den Einfluss des Nutzens der Unternehmenswert nicht mehr nur aus der Extrapolation vergangener- sowie gegenwartsbezogener Daten gebildet wird, sondern auch zukünftige Entwicklungen eine große Rolle spielen. Außerdem ist der Gedanke aufzugreifen, dass er je nach Betrachter unterschiedlich ausfallen kann. Demzufolge kann es nicht den Unternehmenswert geben, vielmehr resultiert daraus eine Vielzahl an differenzierten Werten. Als Beispiele subjektiver Werte sind die ermittelten Grenzpreise des Käufers und Verkäufers anzuführen. Daran anknüpfend erscheint die Bestimmung des Wertes eines Unternehmens mit mehreren Eigentümern kritisch, da es nicht möglich ist, alle subjektiven Werte zu ermitteln und diese in Einklang zu bringen.[99] Ein weiterer Kritikpunkt besteht darin, dass eine Zusammenfassung aller Aspekte, die in das Werturteil miteinfließen, zu einem übergeordneten Ganzen erfolgt.[100] Hinzu kommt, dass der ermittelte subjektive Wert für Außenstehende nur schwer zu begreifen ist und keinen Ausgangspunkt für einen fairen Ausgleich der unterschiedlichen Interessen der divergierenden Konfliktparteien bildet.[101] Zur Überwindung der aufgezeigten Nachteile der objektiven und subjektiven Werttheorien wurde Mitte der 1970er-Jahre die funktionale Unternehmensbewertung entwickelt.[102] Im Mittelpunkt steht hierbei das Zusammenwirken von Aufgabenstellung (Funktion, Bewertungszweck) und Unternehmenswert.[103] Demgemäß ermöglicht die Funktionenlehre eine Unterteilung in verschiedene Bewertungsfunktionen (Haupt- und Nebenfunktionen). Auf diese Weise werden die einzelnen Aufgaben deutlicher sichtbar.[104] In Anlehnung an die jeweilige Aufgabenstellung kann sich ein differierender Wert ergeben.[105] Abschließend handelt es sich bei der Funktionenlehre um eine Wertkonzeption, die an Bedeutung gewonnen hat und auch in Deutschland etabliert ist.[106]

---

[98] Vgl. Maier, David A.: Bewertungsanlässe und..., a.a.O., S. 14.

[99] Vgl. ebenda, S. 15.

[100] Vgl. Peemöller, Volker H.: Wert und..., a.a.O., S. 6 f.

[101] Vgl. ebenda, S. 7.

[102] Vgl. Matschke, Manfred J.; Brösel, Gerrit: Funktionale..., a.a.O., S. 7 und Henselmann, Klaus: Geschichte..., a.a.O., S. 118.

[103] Vgl. Matschke, Manfred J.; Brösel, Gerrit: Funktionale..., a.a.O., S. 7.

[104] Vgl. Peemöller, Volker H.: Wert und..., a.a.O., S. 7.

[105] Vgl. ebenda, S. 7.

[106] Vgl. Henselmann, Klaus: Geschichte..., a.a.O., S. 119.

3 Verfahren der Unternehmensbewertung

3.1 Vorstellung der Einzelbewertungsverfahren

3.1.1 Substanzwertverfahren mit Reproduktionswerten

Das Substanzwertverfahren zählt zu den Einzelbewertungsverfahren.[107] Dabei steht die stichtagsbezogene Ermittlung des Unternehmenswertes auf Basis der Bildung einer Summe der isoliert betrachteten Unternehmensbestandteile (Schulden sowie Vermögensgegenstände) im Mittelpunkt.[108] Deren Menge sowie der gewählte Wertansatz sind daher für die Bestimmung des Wertes entscheidend.[109] Im Zusammenhang mit dem Substanzwertverfahren mit Reproduktionswerten[110] wird von einer Unternehmensfortführung ausgegangen.[111] Dabei kommt der Unternehmenswert jenem Betrag gleich, der zum Nachbau des Unternehmens notwendig wäre.[112] Werden die Schulden in die Wertermittlung einbezogen, so wird von einem Nettoreproduktionswert gesprochen.[113] Werden sie hingegen außer Acht gelassen, handelt es sich um den Bruttoreproduktionswert.[114] Zur Ermittlung des Nettowertes wird das nachfolgend angeführte Schema herangezogen.

	Reproduktionswert des betriebsnotwendigen Vermögens
+	Liquidationswert des nicht betriebsnotwendigen Vermögens
-	Wert der Schulden
=	**Substanzwert auf Basis von Reproduktionswerten**

Abbildung 3.1: Ermittlung des Substanzwertes mit Reproduktionswerten
Quelle: Eigene Darstellung in Anlehnung an Ernst, Dietmar; Schneider, Sonja; Thielen, Bjoern: Unternehmensbewertungen erstellen und verstehen. Ein Praxisleitfaden. 6. Aufl., München, 2018, S. 3.

---

107 Vgl. Diedrich, Ralf; Dierkes, Stefan: Kapitalmarktorientierte…, a.a.O., S. 29.

108 Vgl. Höpfl, Volker; Hülskamp, Frank: Unternehmensbewertung, a.a.O., S. 502 f.

109 Vgl. Sieben, Günter; Maltry, Helmut: Der Substanzwert der Unternehmung. In: Praxishandbuch der Unternehmensbewertung. Grundlagen und Methoden, Bewertungsverfahren, Besonderheiten bei der Bewertung. Hrsg.: V. H. Peemöller. 7. Aufl. Herne: 2019. S. 815-839, S. 817.

110 Darüber hinaus wird auch anstatt von *Reproduktionswerten* von Rekonstruktionswerten gesprochen. Vgl. ebenda, S. 817.

111 Vgl. Diedrich, Ralf; Dierkes, Stefan: Kapitalmarktorientierte…, a.a.O., S. 29.

112 Vgl. ebenda, S. 29.

113 Vgl. Sieben, Günter; Maltry, Helmut: Der Substanzwert…, a.a.O., S. 818.

114 Vgl. ebenda, S. 818.

In diesem Fall bilden die Bilanz und das Inventar die Basis für die Wertermittlung.[115] Wie in Abbildung 3.1 ersichtlich, erfolgt eine differenzierte Bewertung des betriebsnotwendigen und nicht betriebsnotwendigen Vermögens. Letzteres kennzeichnet sich dadurch aus, dass im Fall eines Verkaufs keine Einschränkungen auf das eigentliche Geschäftsfeld entstehen.[116] Ein Beispiel hierfür stellt ein privat genutzter Gebäudeteil des Betriebes dar. Hingegen handelt es sich bei einer Maschine, die zur Produktion von Bauteilen notwendig ist, um einen betriebsnotwendigen Vermögensgegenstand. Während zur Bewertung des betriebsnotwendigen Vermögens der Wiederbeschaffungsaltwert (Zeitwert) herangezogen wird, erfolgt die Veräußerung des nicht betriebsnotwendigen Vermögens zum Liquidationswert.[117] Der Wiederbeschaffungsaltwert wird vom Zustand der Vermögenswerte beeinflusst und resultiert daraus, dass von den ermittelten Wiederbeschaffungsneuwerten bei abnutzbaren Wirtschaftsgütern (z. B. Maschinen) die Wertminderungen abgezogen werden.[118] Die Prämisse des Unternehmensnachbaus hat zur Folge, dass für die Wertermittlung alle materiellen sowie immateriellen Vermögenswerte bedeutsam sind.[119] Dabei ist es nicht von Belang, ob diese bilanzierbar sind.[120] Nach dem HGB besteht beispielsweise für selbst geschaffene Marken und Verlagsrechte ein Bilanzierungsverbot.[121] Ferner sind sonstige immaterielle Vermögenswerte, wie Mitarbeiterqualität, Kundenbeziehungen sowie Bekanntheitsgrad und Standortqualität, zu berücksichtigen.[122] In diesem Kontext wird von einem Vollreproduktionswert gesprochen.[123] In der Praxis wird dieser Ansatz jedoch kritisch betrachtet, da die immateriellen Werte, insbesondere die nicht bilanzierbaren,

---

[115] Vgl. Ballwieser, Wolfgang; Hachmeister, Dirk: Unternehmensbewertung. Prozess, Methoden und Probleme. 5. Aufl., Stuttgart, 2016, S. 204.

[116] Vgl. Institut der Wirtschaftsprüfer in Deutschland e.V. (IDW): IDW Standard…, a.a.O., S. 14.

[117] Vgl. Seppelfricke, Peter: Handbuch Aktien- und…, a.a.O., S. 176.

[118] Vgl. Mandl, Gerwald; Rabel, Klaus: Methoden der Unternehmensbewertung (Überblick). In: Praxishandbuch der Unternehmensbewertung. Grundlagen und Methoden, Bewertungsverfahren, Besonderheiten bei der Bewertung. Hrsg.: V. H. Peemöller. 7. Aufl. Herne: 2019. S. 51-96, S. 87.

[119] Vgl. ebenda, S. 87 und Seppelfricke, Peter: Handbuch Aktien- und…, a.a.O., S. 176.

[120] Vgl. Mandl, Gerwald; Rabel, Klaus: Methoden der…, a.a.O., S. 87.

[121] Vgl. § 248 HGB, Absatz 2, Satz 2.

[122] Vgl. Mandl, Gerwald; Rabel, Klaus: Methoden der…, a.a.O., S. 87 und Seppelfricke, Peter: Handbuch Aktien- und…, a.a.O., S. 176.

[123] Vgl. Mandl, Gerwald; Rabel, Klaus: Methoden der…, a.a.O., S. 87.

grundsätzlich nur schwer bestimmbar sowie quantitativ messbar sind.[124] Daher wird in der Bewertungspraxis der (Netto-)Teilreproduktionswert angewandt.[125] Neben den materiellen Vermögenswerten beinhaltet dieser Ansatz lediglich jene immateriellen Vermögenswerte, die isoliert bewertbar sowie selbstständig verkehrsfähig – einzeln veräußerbar wie eine Softwarelizenz – sind.[126] Nicht selbstständig verkehrsfähig sind dagegen Kundenbeziehungen oder Mitarbeiterqualität. Bei diesem Ansatz werden jedoch zukünftige finanzielle Überschüsse nicht beachtet.[127] Im Allgemeinen ist daher festzustellen, dass dieses Verfahren eher einen Vergangenheits- und keinen Zukunftsbezug aufweist. In diesem Kontext ist im Gegensatz zu den kapitalwertorientierten Methoden keine Planung der zukünftigen Entwicklung des Unternehmens notwendig. Dies wäre komplexer und mit höherer Unsicherheit verbunden. Neben den bereits bekannten Schwierigkeiten im Rahmen der Voll- sind auch für die Teilreproduktionswertermittlung Schätzungen erforderlich.[128] In der praktischen Anwendung ist demnach die Ermittlung der Wiederbeschaffungswerte mitunter mit Schwierigkeiten verbunden.[129] Ferner werden bei diesem Ansatz Verbundeffekte außer Acht gelassen.[130] Grundsätzlich ist zu bemerken, dass der Substanzwert an Bedeutung verloren hat.[131] Dies gilt jedoch nicht für die Unternehmenssubstanz an sich, da diese beispielsweise die Basis für die Bestimmung des zukünftigen Investitionsbedarfs bildet.[132] Auch Wirtschaftsprüfer greifen auf dieses Verfahren nur zurück, wenn dazu eine ausdrückliche Aufforderung erfolgt.[133] Ferner ist aus der Sichtweise des IDW dem Substanzwert keine eigenständige Bedeutung beizumessen.[134]

---

[124] Vgl. Seppelfricke, Peter: Handbuch Aktien- und..., a.a.O., S. 176 sowie Ernst, Dietmar; Schneider, Sonja; Thielen, Bjoern: Unternehmensbewertungen..., a.a.O., S. 4 und Institut der Wirtschaftsprüfer in Deutschland e.V. (IDW): IDW Standard..., a.a.O., S. 34.

[125] Vgl. Institut der Wirtschaftsprüfer in Deutschland e.V. (IDW): IDW Standard..., a.a.O., S. 34.

[126] Vgl. Ernst, Dietmar; Schneider, Sonja; Thielen, Bjoern: Unternehmensbewertungen..., a.a.O., S. 3 und Sieben, Günter; Maltry, Helmut: Der Substanzwert..., a.a.O., S. 818.

[127] Vgl. Sieben, Günter; Maltry, Helmut: Der Substanzwert..., a.a.O., S. 838.

[128] Vgl. Mandl, Gerwald; Rabel, Klaus: Methoden der..., a.a.O., S. 88.

[129] Vgl. Liebert, Melanie: Der Wert..., a.a.O., S. 295.

[130] Vgl. Ballwieser, Wolfgang; Hachmeister, Dirk: Unternehmensbewertung..., a.a.O., S. 204.

[131] Vgl. Mandl, Gerwald; Rabel, Klaus: Methoden der..., a.a.O., S. 89.

[132] Vgl. ebenda, S. 89.

[133] Vgl. Institut der Wirtschaftsprüfer in Deutschland e.V. (IDW): IDW Standard..., a.a.O., S. 34.

[134] Vgl. ebenda, S. 4.

3.1.2 Substanzwertverfahren mit Liquidationswerten

Im Gegensatz zu der Prämisse einer Unternehmensfortführung basiert das Substanzwertverfahren mit Liquidationswerten auf der Annahme einer Unternehmenszerschlagung (-liquidation).[135] Dabei ist anzumerken, dass diese sich sowohl auf das Unternehmen als Ganzes als auch auf seine Teile oder einzelne Vermögensgegenstände beziehen kann.[136] Dieses Verfahren findet auch zu Zwecken der Bewertung nicht betriebsnotwendigen Vermögens Anwendung.[137] Diesem Ansatz des Liquidationswertes ist zu folgen, wenn sich bei einer Unternehmensfortführung ein niedrigerer Wert ergibt als bei einer Unternehmensauflösung.[138] Darüber hinaus muss diese auch wirklich erfolgen.[139] Basierend auf der Unternehmensauflösung resultiert der Liquidationswert aus der Veräußerung der einzelnen Vermögenswerte.[140] Als Berechnungsgrundlage wird wie beim Substanzverfahren mit Reproduktionswerten auf die Bilanz sowie das Inventar zurückgegriffen.[141] Der Unternehmenswert ergibt sich demnach gemäß dem in der folgenden Abbildung 3.2 skizzierten Schema.

Liquidationserlös des gesamten betrieblichen Vermögens
- Wert der Schulden
- Liquidationskosten
= **Substanzwert auf Basis von Liquidationswerten (= Liquidationswert)**

Abbildung 3.2: Ermittlung des Substanzwertes mit Liquidationswerten
Quelle: Eigene Darstellung in Anlehnung an Ernst, Dietmar; Schneider, Sonja; Thielen, Bjoern: Unternehmensbewertungen..., a.a.O., S. 5.

---

[135] Vgl. Diedrich, Ralf; Dierkes, Stefan: Kapitalmarktorientierte..., a.a.O., S. 29 und Sieben, Günter; Maltry, Helmut: Der Substanzwert..., a.a.O., S. 836.

[136] Vgl. Diedrich, Ralf; Dierkes, Stefan: Kapitalmarktorientierte..., a.a.O., S. 29 und Seppelfricke, Peter: Handbuch Aktien- und..., a.a.O., S. 179.

[137] Vgl. Sieben, Günter; Maltry, Helmut: Der Substanzwert..., a.a.O., S. 837.

[138] Vgl. Hannes, Frank; König, Jan: Die..., a.a.O., S. 1523.

[139] Vgl. Ernst, Dietmar; Schneider, Sonja; Thielen, Bjoern: Unternehmensbewertungen..., a.a.O., S. 4.

[140] Vgl. ebenda, S. 4.

[141] Vgl. Ballwieser, Wolfgang; Hachmeister, Dirk: Unternehmensbewertung..., a.a.O., S. 203.

Die in Abbildung 3.2 dargestellten Liquidationserlöse werden maßgeblich durch zwei Hauptaspekte beeinflusst.[142] Einerseits wird die Zerschlagungsgeschwindigkeit benannt, die die Zeitspanne für den Verkauf definiert.[143] Wird diese verkürzt, kann dies zu geringeren Erlösen führen, da sich geeignete Käufer kurzfristig schwieriger finden lassen.[144] Der andere Einflussfaktor ist die Zerschlagungsintensität, die auf die Bündelung der Vermögenswerte und damit einhergehende Verbundeffekte abzielt.[145] Zur Festlegung der geeigneten Form der Unternehmensauflösung müssen Annahmen zum gewünschten Erlös definiert werden.[146] Als Zerschlagung wird eine Unternehmensauflösung bezeichnet, die unter Zeitdruck stattfindet, während ansonsten von Liquidation die Rede ist.[147] Infolgedessen können sich variierende Liquidationswerte ergeben. Die der Kalkulation entnehmbare Höhe der Schulden stellt einen weiteren Aspekt der Wertermittlung dar. Hierbei sind grundsätzlich die in der Bilanz ausgewiesenen Unternehmensschulden zu berücksichtigen.[148] In Ergänzung dazu ist es notwendig, die damit in Verbindung stehenden, zusätzlich ausgelösten Kosten, wie jene für eine Vorfälligkeitsentschädigung bei einem Dauerschuldverhältnis, zu beachten.[149] Als letzter Kalkulationsbestandteil werden die Liquidationskosten genannt. Neben den Kosten eines Sozialplans zählen hierzu auch Aufwendungen für Rechtsanwälte, Steuerberater und gerichtliche Zwecke.[150] Zusammenfassend lässt sich feststellen, dass die Gemeinsamkeit der Einzelbewertungsansätze darin besteht, dass beide keine Zukunftsorientierung sowie Verbundeffekte aufweisen. Darüber hinaus ist auch hier keine Unternehmensplanung notwendig.

---

[142] Vgl. Ihlau, Susann; Duscha, Hendrik: Liquidationswert. In: Praxishandbuch der Unternehmensbewertung. Grundlagen und Methoden, Bewertungsverfahren, Besonderheiten bei der Bewertung. Hrsg.: V. H. Peemöller. 7. Aufl. Herne: 2019. S. 865-890, S. 873.

[143] Vgl. ebenda, S. 875.

[144] Vgl. ebenda, S. 875.

[145] Vgl. ebenda, S. 875.

[146] Vgl. Seppelfricke, Peter: Handbuch Aktien- und..., a.a.O., S. 179.

[147] Vgl. ebenda, S. 179.

[148] Vgl. Höpfl, Volker; Hülskamp, Frank: Unternehmensbewertung, a.a.O., S. 542.

[149] Vgl. ebenda, S. 542.

[150] Vgl. Ernst, Dietmar; Schneider, Sonja; Thielen, Bjoern: Unternehmensbewertungen..., a.a.O., S. 4 und Ihlau, Susann; Duscha, Hendrik: Liquidationswert, a.a.O., S. 877.

Typischerweise wird diese Methode auf Unternehmen angewendet, die durch schwachen Ertrag oder verlustbringende Eigenschaften charakterisiert sind.[151] Besondere Aufmerksamkeit erhält der Liquidationswert jedoch dadurch, dass er die Wertuntergrenze des Unternehmens ausdrückt.[152]

3.2 Veranschaulichung der Gesamtbewertungsverfahren

3.2.1 Ertragswertverfahren

Das Ertragswertverfahren ist der Kategorie der Gesamtbewertungsverfahren zuzuordnen. Im Gegensatz zu den Einzelbewertungsverfahren, die auf eine isolierte Untersuchung der einzelnen Unternehmensbestandteile abzielen, basiert das Gesamtbewertungsverfahren auf der Betrachtung des Unternehmens als Bewertungseinheit.[153] Demzufolge stellen die aus dem Zusammenspiel der Unternehmensbestandteile (der materiellen sowie immateriellen Werte) resultierenden finanziellen Überschüsse einen wesentlichen Aspekt der Bewertung dar.[154] Verbundeffekte lassen sich dementsprechend realisieren. Folgerichtig tragen auch alle Unternehmensbereiche, wie Management, Organisation sowie Forschung, gemeinsam zur Generierung der künftigen finanziellen Überschüsse bei.[155] Genauer betrachtet handelt es sich beim Ertragswertverfahren um ein Nettoverfahren.[156] Hierbei erfolgt eine direkte Bestimmung des Unternehmenswertes, der in diesem Zusammenhang den Marktwert des Eigenkapitals repräsentiert.[157] Die Grundlage des Ertragswertverfahrens bildet das investitionstheoretische Kapitalwertkalkül.[158] Demnach wird der Wert des Unternehmens als Barwert bezeichnet und ergibt sich durch Abzinsung (Diskontierung) der prognostizierten zukünftigen finanziellen

---

[151] Vgl. Ihlau, Susann; Duscha, Hendrik: Liquidationswert, a.a.O., S. 867 und Sieben, Günter; Maltry, Helmut: Der Substanzwert…, a.a.O., S. 837.

[152] Vgl. Ihlau, Susann; Duscha, Hendrik: Liquidationswert, a.a.O., S. 867 sowie Hannes, Frank; König, Jan: Die…, a.a.O., S. 1523 und Liebert, Melanie: Der Wert…, a.a.O., S. 296.

[153] Vgl. Zwirner, Christian: Unternehmensbewertung im…, a.a.O., S. 3 und Mandl, Gerwald; Rabel, Klaus: Methoden der…, a.a.O., S. 56.

[154] Vgl. Zwirner, Christian: Unternehmensbewertung im…, a.a.O., S. 3 und Institut der Wirtschaftsprüfer in Deutschland e.V. (IDW): IDW Standard…, a.a.O., S. 7.

[155] Vgl. Institut der Wirtschaftsprüfer in Deutschland e.V. (IDW): IDW Standard…, a.a.O., S. 7.

[156] Vgl. Zwirner, Christian: Unternehmensbewertung im…, a.a.O., S. 3 und Ballwieser, Wolfgang; Hachmeister, Dirk: Unternehmensbewertung…, a.a.O., S. 137.

[157] Vgl. Zwirner, Christian: Unternehmensbewertung im…, a.a.O., S. 3.

[158] Vgl. ebenda, S. 3 sowie Ballwieser, Wolfgang; Hachmeister, Dirk: Unternehmensbewertung…, a.a.O., S. 8 und Diedrich, Ralf; Dierkes, Stefan: Kapitalmarktorientierte…, a.a.O., S. 30.

Überschüsse mithilfe eines Kapitalisierungszinssatzes.[159] In diesem Fall erfolgt die Abzinsung auf jenen Tag, an dem die Bewertung erfolgen soll (Bewertungsstichtag).[160] Dabei gestaltet sich die Planung der zu prognostizierenden Überschüsse umso schwieriger, je länger der Zeitraum ist.[161] Dies ist verbunden mit einer steigenden Prognoseunsicherheit.[162] Exemplarisch ist das Wettbewerbsverhalten, wie das Hinzukommen neuer Konkurrenten, als Einflussfaktor zu nennen. Daher orientiert sich die Planung überwiegend an einem Zweiphasenmodell.[163] Hierbei ist die erste Phase – genauer: die Detailplanungsphase – für eine begrenzte Zeit (drei bis fünf Jahre) vorgesehen.[164] Diese Periode wird auch als Planungshorizont bezeichnet.[165] Daneben orientiert sich die Prognose der zweiten Phase beispielsweise an einem konstant bleibenden oder wachsenden Unternehmensertrag.[166] Besonders diese Phase ist durch hohe Prognoseunsicherheit gekennzeichnet.[167] Der daraus am Ende des Planungshorizonts resultierende Unternehmenswert wird auch als Terminal Value, Rest- oder Residualwert bezeichnet.[168] Folglich wird von einer Unternehmensfortführung ausgegangen. Dieser Terminal Value wird auf Grundlage der ewigen Rente berechnet.[169]

---

[159] Vgl. Zwirner, Christian: Unternehmensbewertung im…, a.a.O., S. 3.

[160] Vgl. ebenda, S. 3 und Peemöller, Volker H.; Kunowski, Stefan: Ertragswertverfahren nach IDW. In: Praxishandbuch der Unternehmensbewertung. Grundlagen und Methoden, Bewertungsverfahren, Besonderheiten bei der Bewertung. Hrsg.: V. H. Peemöller. 7. Aufl. Herne: 2019. S. 333-408, S. 352.

[161] Vgl. Peemöller, Volker H.; Kunowski, Stefan: Ertragswertverfahren…, a.a.O., S. 368.

[162] Vgl. Meitner, Matthias: Der Terminal Value in der Unternehmensbewertung. In: Praxishandbuch der Unternehmensbewertung. Grundlagen und Methoden, Bewertungsverfahren, Besonderheiten bei der Bewertung. Hrsg.: V. H. Peemöller. 7. Aufl. Herne: 2019. S. 711-761, S. 713.

[163] Vgl. Institut der Wirtschaftsprüfer in Deutschland e.V. (IDW): IDW Standard…, a.a.O., S. 17 und Peemöller, Volker H.: Grundsätze…, a.a.O., S. 42.

[164] Vgl. Peemöller, Volker H.: Grundsätze…, a.a.O., S. 42; Meitner, Matthias: Der Terminal…, a.a.O., S. 713.

[165] Vgl. Ernst, Dietmar; Schneider, Sonja; Thielen, Bjoern: Unternehmensbewertungen…, a.a.O., S. 38.

[166] Vgl. Institut der Wirtschaftsprüfer in Deutschland e.V. (IDW): IDW Standard…, a.a.O., S. 17.

[167] Vgl. Meitner, Matthias: Der Terminal…, a.a.O., S. 713.

[168] Vgl. Mandl, Gerwald; Rabel, Klaus: Methoden der…, a.a.O., S. 62.

[169] Vgl. Peemöller, Volker H.: Grundsätze…, a.a.O., S. 42.

Daran anknüpfend wird der Unternehmenswert unter Annahme einer unendlichen Unternehmensdauer sowie eines konstant wachsenden Unternehmensertrages nach dem Planungshorizont, wie nachfolgend skizziert, bestimmt:[170]

$$UW_{EW} = \sum_{t=1}^{T} \frac{E_t}{(1+r)^t} \qquad (1)$$

$$+ \frac{TV_T}{(1+r)^T} + N_0$$

$$mit \ TV_T = \frac{E_{T+1}}{(r-w)} \qquad (2)$$

mit

UW_{EW} =   Unternehmenswert nach dem Ertragswertverfahren

E_t =   geplanter Unternehmensertrag der Periode t

T =   Ende der Detailplanungsphase

r =   Kalkulationszinsfuß

TV =   Terminal Value

w =   Wachstumsrate

N_0 =   Barwert der prognostizierten Liquidationserlöse aus dem Verkauf des nicht betriebszweckbezogenen Vermögens

Wie in Formel (1) ersichtlich, zielt der erste Teil der Gleichung auf die Ermittlung des Barwertes der zukünftigen, prognostizierten Unternehmenserträge ab. Neben den Netto-Cashflows und -Ausschüttungen des Unternehmens kommt unter anderem auch dessen Periodenerfolg zur Messung der Erträge in Frage.[171] Hierbei ist der Ansatz des jeweiligen Unternehmensertrages abhängig vom erstrebten Vereinfachungsgrad und Anlass der Bewertung.[172] Das Konzept der Netto-Cashflows gilt als zutreffende Vorgehensweise bei der Wertermittlung und eignet sich

---

[170] Vgl. Mandl, Gerwald; Rabel, Klaus: Methoden der…, a.a.O., S. 57 und 62 f. Die Formelgleichung wurde überarbeitet und darüber hinaus auf die Notierung angepasst.

[171] Vgl. ebenda, S. 58 und Höpfl, Volker; Hülskamp, Frank: Unternehmensbewertung, a.a.O., S. 505.

[172] Vgl. Seppelfricke, Peter: Handbuch Aktien- und…, a.a.O., S. 30.

beispielsweise für den Unternehmenskauf.[173] Neben der Differenz der erstrebten monetären Zu- und Abflüsse beim möglichen Eigentümer werden auch realisierbare Synergieeffekte mitbedacht.[174] Beim Ansatz der Netto-Ausschüttungen hingegen stehen die Finanzströme zwischen Eigentümer und Unternehmen im Fokus.[175] Als Anwendungsbeispiel kann der Erwerb finanzieller Unternehmensbeteiligungen gelten.[176] Aufgrund der alleinigen Betrachtung des Unternehmens sollen mögliche durch den Eigentümer realisierbare Synergieeffekte nicht angesetzt werden.[177] Der zuletzt genannte Periodenerfolg leitet sich aus der Differenz zwischen Erträgen und Aufwendungen eines Unternehmens ab und kann folglich der Gewinn- und Verlustrechnung entnommen werden.[178] Da bei dieser Kalkulation der in Zukunft erforderliche Finanzbedarf nur indirekt abgebildet ist, besteht die Notwendigkeit einer Finanzbedarfsrechnung.[179] Das IDW verweist ebenfalls auf dieses Erfordernis.[180] Ein weiterer Kritikpunkt besteht darin, dass der Jahresüberschuss auch zahlungsunwirksame Aufwendungen (z. B. Abschreibungen) und Erträge (z. B. Rückstellungsauflösungen) inkludiert.[181] Neben der bedeutsamen Rolle der relevanten Erträge besteht das Erfordernis der Festlegung eines Kalkulationszinsfußes[182]. Dieser leitet sich aus der Gegenüberstellung der aus dem Unternehmenskauf resultierenden Erträge und jenen der optimalen Alternative des möglichen Unternehmenseigentümers ab.[183] Demnach drückt sich die Alternativrendite im Kalkulationszinsfuß aus und gibt somit die vom potenziellen Investor geforderte

---

[173] Vgl. Seppelfricke, Peter: Handbuch Aktien- und…, a.a.O., S. 31 und Mandl, Gerwald; Rabel, Klaus: Methoden der…, a.a.O., S. 58 f.

[174] Vgl. Mandl, Gerwald; Rabel, Klaus: Methoden der…, a.a.O., S. 59.

[175] Vgl. Peemöller, Volker H.; Kunowski, Stefan: Ertragswertverfahren…, a.a.O., S. 344.

[176] Vgl. Seppelfricke, Peter: Handbuch Aktien- und…, a.a.O., S. 31.

[177] Vgl. ebenda, S. 31; Peemöller, Volker H.; Kunowski, Stefan: Ertragswertverfahren…, a.a.O., S. 344.

[178] Vgl. Peemöller, Volker H.; Kunowski, Stefan: Ertragswertverfahren…, a.a.O., S. 345.

[179] Vgl. ebenda, S. 345 f.
In der *Finanzbedarfsrechnung* sind neben den Ausschüttungen mögliche Investitionen abgebildet. Vgl. Peemöller, Volker H.: Grundsätze…, a.a.O., S. 36.

[180] Vgl. Institut der Wirtschaftsprüfer in Deutschland e.V. (IDW): IDW Standard…, a.a.O., S. 8.

[181] Vgl. Liebert, Melanie: Der Wert…, a.a.O., S. 297.

[182] Der *Kalkulationszinsfuß* wird auch als Diskontierungssatz oder Kapitalisierungszinssatz bezeichnet. Vgl. Mandl, Gerwald; Rabel, Klaus: Methoden der…, a.a.O., S. 57.

[183] Vgl. ebenda, S. 63 und Institut der Wirtschaftsprüfer in Deutschland e.V. (IDW): IDW Standard…, a.a.O., S. 24.

Mindestrendite an.[184] Dabei liegt die grundsätzliche Unterscheidung zwischen dem objektivierten Unternehmenswert und dem subjektiven Entscheidungswert als Bewertungszweck in der Ermittlung des Kapitalisierungszinssatzes.[185] Im ersten Fall orientiert sich dieser an der aus einer gleichwertigen Alternativanlage resultierenden Rendite.[186] Als Grundlage zur Ermittlung der Alternativrendite eignet sich die Kapitalmarktrendite für Unternehmensbeteiligungen.[187] Grundsätzlich setzen sich diese Renditen aus einem Basiszinssatz sowie einer Risikoprämie zusammen.[188] Ersterer wird für die Berechnung des objektivierten Unternehmenswerts unter Annahme eines landescharakteristischen Zinssatzes einer risikofreien Kapitalmarktanlage bestimmt.[189] Hinsichtlich der Risikoprämie werden Kapitalmarktpreisbildungsmodelle, wie das Capital Asset Pricing Model (CAPM) oder Tax-CAPM, herangezogen.[190] Im zweiten Fall – in jenem des subjektiven Entscheidungswerts – fließen individuelle Sachverhalte, wie die persönliche Erwartung des potenziellen Eigners hinsichtlich der Rendite einer Alternativanlage, ein.[191] Zusammenfassend lässt sich feststellen, dass sich mit steigendem Kalkulationszinsfuß die Höhe des Unternehmenswertes reduziert. Den zweiten Teil der Gleichung zu dessen Berechnung stellt der Barwert dar, der sich durch die Liquidationserlöse aus dem Verkauf des nicht betriebszweckbezogenen Vermögens ergibt. Auf dieses wird jedoch aus Vereinfachungsgründen nicht näher eingegangen.[192] Schlussfolgernd ist hervorzuheben, dass es sich beim Ertragswertverfahren im Gegensatz zu den Einzelbewertungsverfahren um eine zukunftsbezogene Methode handelt. Zudem ermöglicht es aus der Perspektive eines möglichen Käufers einen Vergleich mit Investitionsalternativen.[193] Es ist jedoch aufgrund der notwendigen Planung der Unternehmensentwicklung mit Aufwand und Unsicherheiten verbunden. Lange Zeit war dieses

---

[184] Vgl. Mandl, Gerwald; Rabel, Klaus: Methoden der..., a.a.O., S. 63 und Wollny, Christoph: Der..., a.a.O., S. 32.

[185] Vgl. Seppelfricke, Peter: Handbuch Aktien- und..., a.a.O., S. 35.

[186] Vgl. Institut der Wirtschaftsprüfer in Deutschland e.V. (IDW): IDW Standard..., a.a.O., S. 24.

[187] Vgl. ebenda, S. 24.

[188] Vgl. ebenda, S. 24.

[189] Vgl. Seppelfricke, Peter: Handbuch Aktien- und..., a.a.O., S. 35.

[190] Vgl. Institut der Wirtschaftsprüfer in Deutschland e.V. (IDW): IDW Standard..., a.a.O., S. 24. Für weitere Informationen zum Thema *Ermittlung des Kapitalisierungszinssatzes* vgl. Peemöller, Volker H.; Kunowski, Stefan: Ertragswertverfahren..., a.a.O., S. 376 ff.

[191] Vgl. Institut der Wirtschaftsprüfer in Deutschland e.V. (IDW): IDW Standard..., a.a.O., S. 25.

[192] Für weiterführende Ausführungen zum Thema *Berücksichtigung des nicht betriebszweckbezogenen Vermögens* vgl. Peemöller, Volker H.; Kunowski, Stefan: Ertragswertverfahren..., a.a.O., S. 360 f.

[193] Vgl. Liebert, Melanie: Der Wert..., a.a.O., S. 298.

Verfahren aufgrund der geltenden Vorschriften des IDW in Deutschland weit verbreitet.[194] Zunehmend wird diese Methode von den Discounted Cashflow(DCF)-Verfahren abgelöst, wenngleich diese wenige Unterschiede aufzeigen.[195]

3.2.2 Discounted Cashflow-Verfahren

Die größte Verbreitung weisen die DCF-Verfahren auf.[196] Wie das Ertragswertverfahren beruht diese Methode auf der Grundlage des investitionstheoretischen Kapitalwertkalküls.[197] Das Augenmerk dieses Verfahrens liegt auf der Ermittlung des Unternehmenswertes durch die Abzinsung von Cashflows.[198] Diese repräsentieren die dem Kapitalgeber zustehenden erwarteten Zahlungen.[199] In Abhängigkeit der herangezogenen Methode unterscheidet sich die Definition der Cashflows.[200] Die DCF-Verfahren differenzieren sich hinsichtlich der Berechnungsart in Brutto- und Nettoverfahren.[201] Während im Zuge des Letzteren eine direkte Bestimmung des Marktwertes des Eigenkapitals erfolgt, wird im Bruttoverfahren zunächst der Gesamtkapitalwert berechnet.[202] Anschließend resultiert durch Subtraktion des Marktwertes des verzinslichen Fremdkapitals der Eigenkapitalwert.[203] Verbindlichkeiten gegenüber Kreditinstituten sind exemplarisch als verzinsliches Fremdkapital anzuführen. Zu den Bruttoverfahren zählt neben dem Adjusted Present Value(APV)-Verfahren der Weighted Average Cost of Capital(WACC)-Ansatz, der in den Ausprägungsformen Free Cashflow (FCF) und Total Cashflow (TCF) existiert.[204] Dem Nettoverfahren ist hingegen der Flow to Equity(FTE)-Ansatz

---

[194] Vgl. Ernst, Dietmar; Schneider, Sonja; Thielen, Bjoern: Unternehmensbewertungen…, a.a.O., S. 10.

[195] Vgl. ebenda, S. 10.

[196] Vgl. Ernst, Dietmar; Schneider, Sonja; Thielen, Bjoern: Unternehmensbewertungen…, a.a.O., S. 9.

[197] Vgl. Maier, David A.: Discounted-Cash-Flow-Verfahren. In: Unternehmensbewertung für Praktiker. Hrsg.: G. Kranebitter; D. A. Maier. 3. Aufl. Wien: 2017. S. 37-71, S. 38.

[198] Vgl. ebenda, S. 38.

[199] Vgl. Institut der Wirtschaftsprüfer in Deutschland e.V. (IDW): IDW Standard…, a.a.O., S. 25.

[200] Vgl. ebenda, S. 25 und Mandl, Gerwald; Rabel, Klaus: Methoden der…, a.a.O., S. 68.

[201] Vgl. Zwirner, Christian: Unternehmensbewertung im…, a.a.O., S. 3 und Ballwieser, Wolfgang; Hachmeister, Dirk: Unternehmensbewertung…, a.a.O., S. 137 und Drukarczyk, Jochen; Schüler, Andreas: Unternehmensbewertung, a.a.O., S. 99.

[202] Vgl. Ballwieser, Wolfgang; Hachmeister, Dirk: Unternehmensbewertung…, a.a.O., S. 138.

[203] Vgl. ebenda, S. 138 und Ernst, Dietmar; Schneider, Sonja; Thielen, Bjoern: Unternehmensbewertungen…, a.a.O., S. 29.

[204] Vgl. Baetge, Jörg u. a.: Darstellung der Discounted Cashflow-Verfahren (DCF-Verfahren) mit Beispiel. In: Praxishandbuch der Unternehmensbewertung. Grundlagen und Methoden,

zuzuordnen.[205] Trotz der differenzierten Rechentechniken ist es generell bei übereinstimmenden Annahmen hinsichtlich des zukünftigen Finanzierungsverhaltens möglich, dass alle DCF-Ansätze zum gleichen Ergebnis führen.[206] Laut einer in Deutschland durchgeführten Studie wird der FCF-Ansatz, gefolgt vom TCF-Ansatz, gegenüber dem APV- und FTE-Verfahren bevorzugt zur Wertermittlung herangezogen.[207] Vor allem international ist der FCF-Ansatz am bekanntesten.[208] Daher werden der APV- und FTE-Ansatz nur am Rande behandelt. Ziel ist es, einen Überblick über die einzelnen DCF-Varianten zu erhalten. Da in diesem Kontext die Bewertung des nicht betriebszweckbezogenen Vermögens nicht mit spezifischen Schwierigkeiten verbunden ist, wird darauf nicht näher eingegangen.[209] Zunächst wird der präferierte WACC-Ansatz unter Verwendung von FCFs untersucht. Hierbei wird in einem ersten Schritt der Gesamtkapitalwert durch Diskontierung der erwarteten FCFs mithilfe eines Mischzinsfußes errechnet.[210] Dieser stellt die gewogenen durchschnittlichen Kapitalkosten dar.[211] Seine Bestandteile bilden neben den risikoäquivalenten Renditeforderungen der Fremdkapitalgeber jene der Eigentümer.[212] Damit zusammenhängend erfolgt eine Gewichtung mit den jeweils dazugehörigen Fremd- sowie Eigenkapitalquoten zu marktgerechten Werten.[213] Der bewertungsrelevante FCF stellt – aufbauend auf der Annahme einer 100-prozentigen Eigenfinanzierung des Unternehmens – den bereitstehenden Zahlungs-

---

Bewertungsverfahren, Besonderheiten bei der Bewertung. Hrsg.: V. H. Peemöller. 7. Aufl. Herne: 2019. S. 409-569, S. 415.

[205] Vgl. ebenda, S. 416.

[206] Vgl. Ernst, Dietmar; Schneider, Sonja; Thielen, Bjoern: Unternehmensbewertungen..., a.a.O., S. 10 und Institut der Wirtschaftsprüfer in Deutschland e.V. (IDW): IDW Standard..., a.a.O., S. 26.

[207] Vgl. Homburg, Carsten; Lorenz, Michael; Sievers, Sönke: Unternehmensbewertung in Deutschland: Verfahren, Finanzplanung und Kapitalkostenermittlung. In: Controlling & Management Review, 55. Jg., (2011) Heft 2, S. 119-130, S. 120.

[208] Vgl. Ernst, Dietmar; Schneider, Sonja; Thielen, Bjoern: Unternehmensbewertungen..., a.a.O., S. 27 und Peppmeier, Arno; Wittstock, Anja: Börsengang und Unternehmensbewertung. In: Das Wirtschaftsstudium (WISU), 47. Jg., (2018) Heft 11, S. 1225-1235, S. 1232. Vgl. auch Maier, David A.: Discounted-..., a.a.O., S. 40.

[209] Vgl. Baetge, Jörg u. a.: Darstellung..., a.a.O., S. 414.

[210] Vgl. ebenda, S. 418 sowie Mandl, Gerwald; Rabel, Klaus: Methoden der..., a.a.O., S. 70 und Ballwieser, Wolfgang; Hachmeister, Dirk: Unternehmensbewertung..., a.a.O., S. 166.

[211] Vgl. Maier, David A.: Discounted-..., a.a.O., S. 42 und Castedello, Marc u. a.: Methodik der Unternehmensbewertung. In: Bewertung und Transaktionsberatung. Betriebswirtschaftliche Bewertungen, Due Diligence, Fairness Opinions u. a. Hrsg.: Institut der Wirtschaftsprüfer in Deutschland e.V. WPH Edition, Düsseldorf: 2018. S. 1-185, S. 50.

[212] Vgl. Baetge, Jörg u. a.: Darstellung..., a.a.O., S. 419.

[213] Vgl. Peppmeier, Arno; Wittstock, Anja: Börsengang..., a.a.O., S. 1231.

überschuss dar.[214] Dies bewirkt, dass eine Veränderung der Finanzierungsschulden keine Auswirkungen auf den FCF hat.[215] Folglich ist dieser nicht von der tatsächlichen Finanzierung abhängig.[216] Daher findet bei der Berechnung des FCF der aus einer möglichen Fremdfinanzierung resultierende Tax Shield keine Beachtung.[217] Dieser ist definiert als die Steuerersparnis, die aus steuerlicher Abzugsfähigkeit des Fremdkapitals folgt.[218] In diesem Kontext orientiert sich die Kalkulation des FCF an nachfolgendem Prinzip (siehe Abbildung 3.3).

	Earnings Before Interest and Taxes
-	fiktive Steuerlast
+ / -	Abschreibungen (Zuschreibungen)
+ / -	Erhöhung (Auflösung) der langfristigen Rückstellungen
- / +	Erhöhung (Verminderung) Working Capital (= Umlaufvermögen - kurzfristiges Fremdkapital)
- / +	Investitionen (Desinvestitionen) Anlagevermögen
=	**Free Cashflow**

Abbildung 3.3: Kalkulation des FCF
Quelle: Eigene Darstellung in Anlehnung an Schmidlin, Nicolas: Unternehmensbewertung & Kennzahlenanalyse. Praxisnahe Einführung mit zahlreichen Fallbeispielen börsennotierter Unternehmen. 2. Aufl., München, 2013, S. 156 und Baetge, Jörg u. a.: Darstellung..., a.a.O., S. 417 und Ernst, Dietmar; Schneider, Sonja; Thielen, Bjoern: Unternehmensbewertungen..., a.a.O., S. 32 f.

Bei den ermittelten FCFs handelt es sich um die frei verfügbaren Finanzmittel, die sowohl für die Eigen- als auch Fremdkapitalgeber in gleicher Weise verfügbar sind.[219] Ferner zeigt Abbildung 3.3, dass eine Subtraktion der fiktiven Steuerlast erfolgt. Damit einhergehend beinhaltet der FCF falsche Steuern, da von einer reinen Eigenfinanzierung ausgegangen wird und folglich die Steuerersparnis durch Fremdkapitalzinsen nicht in die Berechnung einfließt.[220] Hingegen findet der Tax Shield im Diskontierungszinssatz Berücksichtigung.[221] Dies erfolgt mithilfe einer Bereinigung der Renditeforderung der Fremdkapitalgeber um die Minderung des

214 Vgl. Mandl, Gerwald; Rabel, Klaus: Methoden der..., a.a.O., S. 68 f.

215 Vgl. ebenda, S. 69.

216 Vgl. Maier, David A.: Discounted-..., a.a.O., S. 40; Castedello, Marc u. a.: Methodik..., a.a.O., S. 49.

217 Vgl. Baetge, Jörg u. a.: Darstellung..., a.a.O., S. 419.

218 Vgl. Seppelfricke, Peter: Handbuch Aktien- und..., a.a.O., S. 26.

219 Vgl. Steger, Johann: Kennzahlen und Kennzahlensysteme. Mit einem durchgängigen Fallbeispiel und Lösungen. 3. Aufl., Herne, 2017, S. 73 f.

220 Vgl. Ballwieser, Wolfgang; Hachmeister, Dirk: Unternehmensbewertung..., a.a.O., S. 138.

221 Vgl. Baetge, Jörg u. a.: Darstellung..., a.a.O., S. 419.

Tax Shields, die mit der Fremdkapitalquote zu Marktwerten gewichtet wird.[222] Infolgedessen wird der Mischzinsfuß beim FCF-Ansatz durch Anwendung der nachfolgenden Formel (3) berechnet:[223]

$$k_{WACC} = r_{FK} * (1 - s) * \frac{FK^{MW}}{GK^{MW}} + r_{EK} * \frac{EK^{MW}}{GK^{MW}} \tag{3}$$

mit

k_{WACC}	=	gewogene durchschnittliche Kapitalkosten des FCF-Ansatzes
r_{FK}	=	Renditeforderung der Fremdkapitalgeber
s	=	Unternehmenssteuersatz
FK^{MW}	=	Marktwert des verzinslichen Fremdkapitals
GK^{MW}	=	Marktwert des Gesamtkapitals
r_{EK}	=	Renditeforderung der Eigentümer(verschuldetes Unternehmen)
EK^{MW}	=	Marktwert des Eigenkapitals

Dabei werden zur Bestimmung der Renditeforderung der Eigentümer kapitalmarkttheoretische Modelle herangezogen.[224] Grundsätzlich wird hierfür das CAPM angewandt.[225] Zusammenfassend lässt sich feststellen, dass sich die Renditeforderung aus der Addition der Rendite risikoloser Kapitalanlagen und des Risikozuschlags zusammensetzt.[226] In Anbetracht des Fremdkapitals eines Unternehmens ist festzuhalten, dass sich dieses im Regelfall aus unterschiedlichen Positionen, wie kurzfristige Bankschulden oder Darlehen, mit jeweils verschiedenen Konditionen zusammensetzt.[227] Damit einhergehend berechnet sich die Renditeforderung der Fremdkapitalgeber als gewichteter durchschnittlicher Fremdkapitalkostensatz.[228]

---

[222] Vgl. ebenda, S. 419.

[223] Vgl. ebenda, S. 419. Die Formelgleichung wurde auf die Notierung angepasst.

[224] Vgl. Mandl, Gerwald; Rabel, Klaus: Methoden der..., a.a.O., S. 72.

[225] Vgl. ebenda, S. 68.

[226] Vgl. Steger, Johann: Kennzahlen..., a.a.O., S. 172. Für weitere Informationen zum Thema *Ermittlung der Eigenkapitalkosten* vgl. Maier, David A.: Discounted-..., a.a.O., S. 52 ff.

[227] Vgl. Mandl, Gerwald; Rabel, Klaus: Methoden der..., a.a.O., S. 73 und Seppelfricke, Peter: Handbuch Aktien- und..., a.a.O., S. 71.

[228] Vgl. Institut der Wirtschaftsprüfer in Deutschland e.V. (IDW): IDW Standard..., a.a.O., S. 27 und Steger, Johann: Kennzahlen..., a.a.O., S. 173.

Aufgrund des Bruttoverfahrens ist es in einem zweiten Schritt notwendig, den Marktwert des verzinslichen Fremdkapitals zu bestimmen, der vom Gesamtkapitalwert in Abzug gebracht wird. Dieser lässt sich aus aktuellen Börsenkursen ableiten.[229] Sind hingegen keine beobachtbaren Marktwerte vorhanden, gilt es zu untersuchen, inwieweit der vereinbarte Fremdkapitalkostensatz zu den am Markt geltenden Finanzierungskonditionen passt.[230] Sofern eine Übereinstimmung vorliegt, lässt sich der Marktwert des Fremdkapitals dem Buchwert gleichsetzen.[231] Auf Basis der vorgenannten Faktoren sowie der Annahme eines nach Vollendung des Planungshorizonts konstant wachsenden bewertungsrelevanten Cashflows wird die im Folgenden skizzierte Formel (4) zur Berechnung des Marktwertes des Eigenkapitals verwendet:[232]

$$EK^{MW} = \left(\sum_{t=1}^{T} \frac{CF_t^{FCF}}{(1 + k_{WACC})^t} + \frac{TV_T}{(1 + k_{WACC})^T} + N_0 \right) \\ - FK^{MW} \tag{4}$$

$$mit\ TV_T = \frac{CF_{T+1}^{FCF}}{(k_{WACC} - w)} \tag{5}$$

wobei

CF_t^{FCF} =   prognostizierter Free Cashflow in Periode t

Einen Nachteil dieses Rechnungsansatzes stellt das Zirkularitätsproblem dar.[233] Dieses ist gekennzeichnet durch den Widerspruch, dass Kenntnisse des Marktwertes des Eigenkapitals vorausgesetzt werden, obwohl diese doch durch die Berechnung erst ermittelt werden sollen.[234] Zur Bewältigung dieses Problemfeldes wird in der Praxis bevorzugt das iterative Verfahren angewandt.[235] Hierbei erfolgt zunächst eine vorläufige Schätzung der Kapitalstruktur.[236] Anschließend kann der

---

[229] Vgl. Baetge, Jörg u. a.: Darstellung..., a.a.O., S. 419.

[230] Vgl. ebenda, S. 419.

[231] Vgl. Baetge, Jörg u. a.: Darstellung..., a.a.O., S. 419.

[232] Vgl. ebenda, S. 418 ff. sowie Meitner, Matthias: Der Terminal..., a.a.O., S. 757 und Seppelfricke, Peter: Handbuch Aktien- und..., a.a.O., S. 25. Es handelt sich um eine zusammengefasste Formel. Die Formelgleichung wurde verändert und auf die Notierung angepasst.

[233] Vgl. Peppmeier, Arno; Wittstock, Anja: Börsengang..., a.a.O., S. 1231.

[234] Vgl. Wollny, Christoph: Der..., a.a.O., S. 631 und Castedello, Marc u. a.: Methodik..., a.a.O., S. 44.

[235] Vgl. Seppelfricke, Peter: Handbuch Aktien- und..., a.a.O., S. 88 und Wollny, Christoph: Der..., a.a.O., S. 631.

[236] Vgl. Seppelfricke, Peter: Handbuch Aktien- und..., a.a.O., S. 88.

Marktwert des Eigenkapitals berechnet werden, der wiederum in die Kapitalkostenkalkulation einfließt.[237] Ziel dieses Verfahrens ist es, sich durch eine schrittweise Wiederholung der vorgenannten Berechnungsvorgänge der gewünschten Genauigkeit der Werte anzunähern.[238] Das bedeutet, dass als Resultat der kalkulierte Eigenkapitalwert des FCF-Verfahrens mit jenem in die Bestimmungsgleichung des Mischzinsfußes eingesetzten übereinstimmt. Zur Vereinfachung des Iterationsprozesses greift die Praxis auf Computerprogramme (z. B. Microsoft Excel) zurück, durch die eine schnelle Durchführung gewährleistet wird.[239] Die Festlegung einer Zielkapitalstruktur ist ein weiterer Lösungsansatz.[240] Neben dem FCF-ist auch der TCF-Ansatz eine Ausprägungsform der WACC-Methode. Der wesentliche Unterschied resultiert aus der Art der Behandlung des Tax Shields.[241] Der TCF-Ansatz ist dadurch gekennzeichnet, dass sich der bewertungsrelevante Cashflow unter Einbeziehung des Tax Shields ergibt.[242] Demnach beinhaltet der TCF die richtigen Steuern.[243] Daraus folgt im Umkehrschluss, dass bei der Voraussage der künftigen Entwicklung der TCFs auch der Fremdkapitalbestand und die daraus resultierenden Fremdkapitalzinsen zu betrachten sind.[244] Demnach berücksichtigt der TCF im Gegensatz zum FCF die tatsächliche Kapitalstruktur. Ausgehend vom FCF ergibt sich daher der TCF nach dem folgenden Schema (Abbildung 3.4).

	Free Cashflow
+	Steuerersparnis aus Fremdkapitalzinsen (Tax Shield) [Zinsaufwand * Tax Shield-Steuersatz]
=	Total Cashflow

Abbildung 3.4: Berechnung des TCF
Quelle: Eigene Darstellung in Anlehnung an Seppelfricke, Peter: Handbuch Aktien und…, a.a.O., S. 26 und Ballwieser, Wolfgang; Hachmeister, Dirk: Unternehmensbewertung…, a.a.O., S. 138.

---

[237] Vgl. Ernst, Dietmar; Schneider, Sonja; Thielen, Bjoern: Unternehmensbewertungen…, a.a.O., S. 48 f.

[238] Vgl. Seppelfricke, Peter: Handbuch Aktien- und…, a.a.O., S. 88.

[239] Vgl. Ernst, Dietmar; Schneider, Sonja; Thielen, Bjoern: Unternehmensbewertungen…, a.a.O., S. 49 und Wollny, Christoph: Der…, a.a.O., S. 632.

[240] Vgl. Wollny, Christoph: Der…, a.a.O., S. 631 und Peppmeier, Arno; Wittstock, Anja: Börsengang…, a.a.O., S. 1231.

[241] Vgl. Maier, David A.: Discounted-…, a.a.O., S. 44.

[242] Vgl. Ballwieser, Wolfgang; Hachmeister, Dirk: Unternehmensbewertung…, a.a.O., S. 189.

[243] Vgl. ebenda, S. 138 und Castedello, Marc u. a.: Methodik…, a.a.O., S. 51.

[244] Vgl. Mandl, Gerwald; Rabel, Klaus: Methoden der…, a.a.O., S. 75.

Die TCFs sind demnach definiert als effektive Zahlungen, die nicht nur den Eigen-, sondern auch den Fremdkapitalgebern zufließen können.[245] Dies steht im Einklang mit dem FCF. Aufgrund der Einbeziehung des Tax Shields im TCF ist es nicht mehr erforderlich, die Formel zur Berechnung der gewichteten Kapitalkosten um den Tax Shield zu bereinigen.[246] Dies hängt damit zusammen, dass dieser den TCF bereits erhöht hat. Der Diskontierungszinssatz wird demnach mithilfe der Formel (6) bestimmt:[247]

$$k_{TCF} = r_{FK} * \frac{FK^{MW}}{GK^{MW}} + r_{EK} * \frac{EK^{MW}}{GK^{MW}}$$

(6)

mit

k_{TCF} =   gewogene Kapitalkosten des TCF-Ansatzes

Daran anknüpfend lautet die Gleichung zur Ermittlung des Marktwertes des Eigenkapitals unter Annahme eines konstanten Wachstums des bewertungsrelevanten Cashflows wie folgt:[248]

$$EK^{MW} = \left(\sum_{t=1}^{T} \frac{CF_t^{TCF}}{(1 + k_{TCF})^t} + \frac{TV_T}{(1 + k_{TCF})^T} + N_0 \right) - FK^{MW}$$

(7)

$$mit \ TV_T = \frac{CF_{T+1}^{TCF}}{(k_{TCF} - w)}$$

(8)

mit

CF_t^{TCF} =   geplanter Total Cashflow in Periode t

---

[245] Vgl. Baetge, Jörg u. a.: Darstellung…, a.a.O., S. 420 und Seppelfricke, Peter: Handbuch Aktienund…, a.a.O., S. 26.

[246] Vgl. Maier, David A.: Discounted-…, a.a.O., S. 44.

[247] Vgl. Baetge, Jörg u. a.: Darstellung…, a.a.O., S. 420. Die Symbole der Formelgleichung wurden vereinheitlicht.

[248] Vgl. Baetge, Jörg u. a.: Darstellung…, a.a.O., S. 420 und Meitner, Matthias: Der Terminal…, a.a.O., S. 757. Es handelt sich um eine zusammengefasste Formel. Die Formelgleichung wurde verändert und die verwendeten Symbole vereinheitlicht.

Wie beim FCF- ergibt sich beim TCF-Ansatz das Zirkularitätsproblem.[249] Ferner ist eine Vorhersage der Fremdkapitalentwicklung und -zinsen von essentieller Bedeutung.[250] Neben dem TCF- und FCF- basiert auch der APV-Ansatz auf dem Prinzip des Bruttoverfahrens. Im Gegensatz zu den beiden zuvor genannten Verfahren wird bei dieser Methode zunächst der Marktwert des Gesamtkapitals in mehreren Komponenten bestimmt, bevor anschließend jener des Fremdkapitals abgezogen wird.[251] Dabei wird der Steuervorteil separat untersucht.[252] Durch die getrennte Betrachtung der wertbeeinflussenden Merkmale des Unternehmens soll ein hohes Maß an Transparenz und Genauigkeit erzielt werden.[253] In einem ersten Schritt wird die Kapitalstruktur des Unternehmens ausgeblendet und angenommen, dass reine Eigenfinanzierung vorliegt.[254] Die Wertermittlung des unverschuldeten Unternehmens erfolgt auf Grundlage der FCFs.[255] Dabei werden zur Abzinsung der bewertungsrelevanten Cashflows die Eigenkapitalkosten bei ausschließlicher Eigenfinanzierung verwendet.[256] Ihre Ermittlung ist jedoch vielen praktischen Anwendern fremd und stellt das Hauptproblem dieses Ansatzes dar.[257] Erst in einem nächsten Schritt erfolgt die Bewertung der Fremdfinanzierungsseite.[258] Aufgrund der Fremdfinanzierung entsteht ein Tax Shield, das eine Erhöhung des Marktwertes des Gesamtkapitals zur Folge hat.[259] Diese ergibt sich folglich aus der Abzinsung des Tax Shields mit einem zur Vereinfachung angenommenen risikolosen Zinssatz und wird anschließend zur ersten Wertkomponente addiert.[260] Im Gegensatz zu den zuvor betrachteten DCF-Verfahren, basiert lediglich der FTE-Ansatz auf dem Prinzip der Nettoverfahren. Folglich wird der Eigenkapitalwert direkt ermittelt.

---

[249] Vgl. Baetge, Jörg u. a.: Darstellung..., a.a.O., S. 420 f.

[250] Vgl. Seppelfricke, Peter: Handbuch Aktien- und..., a.a.O., S. 27.

[251] Vgl. Maier, David A.: Discounted-..., a.a.O., S. 44.

[252] Vgl. ebenda, S. 44 und Schmidlin, Nicolas: Unternehmensbewertung..., a.a.O., S. 160.

[253] Vgl. Drukarczyk, Jochen; Schüler, Andreas: Unternehmensbewertung, a.a.O., S. 171.

[254] Vgl. ebenda, S. 171 und Castedello, Marc u. a.: Methodik..., a.a.O., S. 52 und Liebert, Melanie: Der Wert..., a.a.O., S. 309.

[255] Vgl. Institut der Wirtschaftsprüfer in Deutschland e.V. (IDW): IDW Standard..., a.a.O., S. 28 und Ballwieser, Wolfgang; Hachmeister, Dirk: Unternehmensbewertung..., a.a.O., S. 140.

[256] Vgl. Institut der Wirtschaftsprüfer in Deutschland e.V. (IDW): IDW Standard..., a.a.O., S. 28.

[257] Vgl. Seppelfricke, Peter: Handbuch Aktien- und..., a.a.O., S. 28 und Ballwieser, Wolfgang; Hachmeister, Dirk: Unternehmensbewertung..., a.a.O., S. 154.

[258] Vgl. Drukarczyk, Jochen; Schüler, Andreas: Unternehmensbewertung, a.a.O., S. 171 und Castedello, Marc u. a.: Methodik..., a.a.O., S. 52.

[259] Vgl. Castedello, Marc u. a.: Methodik..., a.a.O., S. 52 f. und Seppelfricke, Peter: Handbuch Aktien- und..., a.a.O., S. 27.

[260] Vgl. Seppelfricke, Peter: Handbuch Aktien- und..., a.a.O., S. 27 f.

Kennzeichnend dafür ist, dass es sich bei den bewertungsrelevanten Cashflows um jene handelt, die nur für die Eigenkapitalgeber (z. B. in Form von Gewinnausschüttungen) verfügbar sind.[261] Dies verdeutlicht den Unterschied zu den beschriebenen Bruttoverfahren, bei denen die bewertungsrelevanten Zahlungsströme für beide Kapitalgeber verfügbar sind. Des Weiteren werden im Gegensatz zum FCF zum einen Fremdkapitalzinsen und zum anderen Änderungen (durch Tilgung oder Aufnahme) des Fremdkapitals in die Kalkulation des FTE miteinbezogen.[262] In Anlehnung an die alleinige Verfügbarkeit der FTE für die Eigenkapitalgeber werden sie mit den Eigenkapitalkosten des verschuldeten Unternehmens abgezinst.[263] Somit greift diese Methode im Gegensatz zu den beiden WACC-Ansätzen nicht auf die gewichteten Kapitalkosten zurück. Gegen dieses Verfahren spricht, dass im Falle einer Veränderung der Finanzierung eine neue Planung der FTE notwendig ist.[264] Wie die Ertragswert- sind die DCF-Verfahren für die Ermittlung subjektiver Entscheidungswerte und objektivierter Unternehmenswerte geeignet.[265] Abschließend ist als Vorteil zu nennen, dass die zukünftige Unternehmensentwicklung Beachtung findet. Allerdings ist für die Wertermittlung eine mehrjährige Planung notwendig, was einerseits mit Unsicherheiten und andererseits mit erhöhter Komplexität verbunden ist. Aufgrund Letzterer ist es anzuraten, komplementär marktorientierte Methoden, wie das Multiplikatorenverfahren, anzuwenden.[266]

3.2.3 Multiplikatorenverfahren

Grundsätzlich wird im Kontext der Multiplikatorenverfahren von einem Gesamtbewertungsverfahren gesprochen. Mandl und Rabel hingegen ordnen diese Methode in die Oberkategorie ‚Vergleichsverfahren' ein.[267] Als Synonym trägt dieses auch den Namen ‚marktpreisorientiertes Verfahren'.[268] Dabei wird mit dieser Methode die Einschätzung eines Marktpreises beabsichtigt.[269] Ursächlich für die Entstehung

---

261 Vgl. Peemöller, Volker H.: Grundsätze..., a.a.O., S. 36; Steger, Johann: Kennzahlen..., a.a.O., S. 74.

262 Vgl. Steger, Johann: Kennzahlen..., a.a.O., S. 74 und Baetge, Jörg u. a.: Darstellung..., a.a.O., S. 422.

263 Vgl. Institut der Wirtschaftsprüfer in Deutschland e.V. (IDW): IDW Standard..., a.a.O., S. 28.

264 Vgl. Ballwieser, Wolfgang; Hachmeister, Dirk: Unternehmensbewertung..., a.a.O., S. 198.

265 Vgl. Peemöller, Volker H.: Grundsätze..., a.a.O., S. 45.

266 Vgl. Seppelfricke, Peter: Handbuch Aktien- und..., a.a.O., S. 94.

267 Vgl. Mandl, Gerwald; Rabel, Klaus: Methoden der..., a.a.O., S. 56.

268 Vgl. ebenda, S. 56.

269 Vgl. Drukarczyk, Jochen; Schüler, Andreas: Unternehmensbewertung, a.a.O., S. 419.

des Multiplikatorenverfahrens war unter anderem das Bedürfnis nach einer einfachen Methode, die auch bei Vorliegen weniger nicht qualitativer Unternehmensinformationen anwendbar ist.[270] Im Mittelpunkt der Berechnung steht die Multiplikation einer ausgewählten Bezugsgröße mit dem dazugehörigen Multiplikator.[271] Die Basis dieser Methode bildet die Grundannahme, dass gleichartige Unternehmen oder Transaktionen gleichermaßen bewertet werden.[272] Somit steht dieser Ansatz im Kontrast zum Ertragswert- und zu den DCF-Verfahren. Unter anderem findet die Multiplikatorbewertung als Test- und Indikationsfunktion Anwendung.[273] Im Hinblick auf Erstere erfolgt eine Plausibilitätsprüfung von Unternehmensbewertungen, die mit dem DCF- oder Ertragswertverfahren kalkuliert wurden.[274] Diese Ansicht vertritt auch das IDW.[275] Im Rahmen der Indikationsfunktion gelten bei fehlenden Plandaten des Unternehmens sowie bei indikativen Preisüberlegungen in Vorbereitung eines Börsengangs Multiplikatoren als geeignete Berechnungsmethode.[276] Vorzugsweise wird dieses Verfahren zur Bildung eines Anhaltspunktes hinsichtlich des Preises beim Unternehmensverkauf verwendet.[277] Des Weiteren wird häufig darauf zurückgegriffen, wenn eine vorläufige Auswahl im Hinblick auf mögliche zu kaufende Unternehmen zu treffen ist.[278] Letztendlich ist die Wahl der Bezugsgröße und des Multiplikators variabel, sodass eine große Vielfalt an Varianten zur Ermittlung entsteht.[279] Ausprägungsformen stellen vorzugsweise einerseits die Multiplikatoren ähnlicher, gleichartiger börsennotierter Unternehmen und andererseits jene gleichartiger Unternehmenstransaktionen

---

270 Vgl. Högsdal, Nils; Brüggemann, Julia; Binder, Christoph: Unternehmensbewertung mittels Multiples. In: Controlling & Management Review, 61. Jg., (2017) Heft 6, S. 48-53, S. 49.

271 Vgl. Löhnert, Peter G.; Böckmann, Ulrich J.: Multiplikatorverfahren in der Unternehmensbewertung. In: Praxishandbuch der Unternehmensbewertung. Grundlagen und Methoden, Bewertungsverfahren, Besonderheiten bei der Bewertung. Hrsg.: V. H. Peemöller. 7. Aufl. Herne: 2019. S. 841-863, S. 843 und Liebert, Melanie: Der Wert..., a.a.O., S. 311.

272 Vgl. Ernst, Dietmar; Schneider, Sonja; Thielen, Bjoern: Unternehmensbewertungen..., a.a.O., S. 11.

273 Vgl. Löhnert, Peter G.; Böckmann, Ulrich J.: Multiplikatorverfahren..., a.a.O., S. 846.

274 Vgl. ebenda, S. 846.

275 Vgl. Institut der Wirtschaftsprüfer in Deutschland e.V. (IDW): IDW Standard..., a.a.O., S. 33 und Peppmeier, Arno; Wittstock, Anja: Börsengang..., a.a.O., S. 1229 f.

276 Vgl. Löhnert, Peter G.; Böckmann, Ulrich J.: Multiplikatorverfahren..., a.a.O., S. 847.

277 Vgl. Högsdal, Nils; Brüggemann, Julia; Binder, Christoph: Unternehmensbewertung..., a.a.O., S. 49.

278 Vgl. ebenda, S. 53.

279 Vgl. Löhnert, Peter G.; Böckmann, Ulrich J.: Multiplikatorverfahren..., a.a.O., S. 843.

dar.[280] Grundsätzlich errechnet sich ein Multiplikator dadurch, dass der Wert eines Unternehmens durch eine feststehende Bezugsgröße dividiert wird.[281] Ferner werden Multiplikatoren in zwei Kategorien unterteilt: Equity-Value- und Enterprise-Value-Multiplikatoren.[282] Der Equity-Value entspricht dem Marktwert des Eigenkapitals.[283] In diesem Zusammenhang stellt das Kurs-Gewinn-Verhältnis einen beliebten Multiplikator dar.[284] Dabei werden der aktuelle Aktienkurs und der Gewinn je Aktie ins Verhältnis gesetzt.[285] Im Rahmen der Enterprise-Value-Multiplikatorenberechnung hingegen können beispielsweise der Umsatz und Earnings Before Interest and Taxes (EBIT) als Bezugsgröße im Nenner angesetzt werden.[286] Diese beiden exemplarisch genannten Multiplikatoren zählen in der Bewertungspraxis zu den am meisten verwendeten.[287] Der Enterprise Value wird bei der Berechnung des Multiplikators im Zähler angeführt.[288] Im Gegensatz zu den Equity-Value-Multiplikatoren wird beim Enterprise-Value-Multiplikator zusätzlich zum Marktwert des Eigenkapitals jener des Fremdkapitals betrachtet.[289] Infolge der approximativen Eigenschaft dieses Verfahrens stützt sich die Bewertungspraxis für gewöhnlich auf verschiedene Multiplikatoren.[290] Rückblickend auf die Formel dieser Methode ist es notwendig, die zum ermittelten Multiplikator gehörige Bezugsgröße anzusetzen. So ist beispielsweise bei Verwendung von Umsatz als Bezugsgröße das Produkt mit dem Umsatzmultiplikator zu bilden. In der Praxis wird überwiegend bei kleineren Unternehmen sowie Büros deren Wert mithilfe von Multiplikatoren berechnet, die sich auf bestimmte Branchen beziehen und als Schätzungen gelten

---

[280] Vgl. ebenda, S. 843 und Hannes, Frank; König, Jan: Die…, a.a.O., S. 1528.

[281] Vgl. Drukarczyk, Jochen; Schüler, Andreas: Unternehmensbewertung, a.a.O., S. 424.

[282] Vgl. Löhnert, Peter G.; Böckmann, Ulrich J.: Multiplikatorverfahren…, a.a.O., S. 849.

[283] Vgl. Schmidlin, Nicolas: Unternehmensbewertung…, a.a.O., S. 112.

[284] Vgl. ebenda, S. 112.

[285] Vgl. Högsdal, Nils; Brüggemann, Julia; Binder, Christoph: Unternehmensbewertung…, a.a.O., S. 51.

[286] Vgl. Löhnert, Peter G.; Böckmann, Ulrich J.: Multiplikatorverfahren…, a.a.O., S. 851 und Peppmeier, Arno; Wittstock, Anja: Börsengang…, a.a.O., S. 1229.

[287] Vgl. Peemöller, Volker H.: Grundsätze…, a.a.O., S. 47.

[288] Vgl. Schmidlin, Nicolas: Unternehmensbewertung…, a.a.O., S. 137 und Peppmeier, Arno; Wittstock, Anja: Börsengang…, a.a.O., S. 1229.

[289] Vgl. Schmidlin, Nicolas: Unternehmensbewertung…, a.a.O., S. 128.

[290] Vgl. Högsdal, Nils; Brüggemann, Julia; Binder, Christoph: Unternehmensbewertung…, a.a.O., S. 50.

können.[291] Auch junge Unternehmen greifen gerne auf diese Methode zurück.[292] Diese Branchenmultiples werden unter anderem vom Magazin ‚FINANCE' in regelmäßigen Abständen publiziert.[293] Sie sind auszugsweise in der nachfolgenden Tabelle 3.1 abgebildet.

Branche	Branchen-Multiples					
	Börsen-Multiples		Experten-Multiples Small-Cap*			
	EBIT-Multiple	Umsatz-Multiple	EBIT-Multiple		Umsatz-Multiple	
			von	bis	von	bis
Software	10,5	1,76	7,8	10	1,25	1,8
Elektrotechnik und Elektronik	12,7	2,36	6,7	8,7	0,69	0,96
Fahrzeugbau und -zubehör	10,5	0,79	5,7	7,7	0,52	0,87
Maschinen- und Anlagenbau	15	1,2	6,5	8	0,69	0,91
* **Small-Cap**: Unternehmensumsatz unter 50 Mio. Euro						

Tabelle 3.1: Multiples nach Branchen

Quelle: Eigene Darstellung in Anlehnung an FINANCE Magazin (2019). FINANCE-Multiples 06/2019: Skalierbarkeit zieht (WWW-Seite, Stand: 07.11.2019). Internet: https://www.finance-magazin.de/research/finance-multiples/archiv/2019/finance-multiples-062019-skalierbarkeit-zieht-2047481/ (Zugriff: 10.01.2020, 12:44 MEZ).

Tabelle 3.1 ist zu entnehmen, dass beispielsweise ein Maschinenbauunternehmen mit einem Umsatz von einer Million Euro zum Achtfachen dieses Wertes gehandelt werden kann. Demzufolge wäre das Ergebnis ein Wert in Höhe von acht Millionen Euro. Zusammenfassend ist festzustellen, dass das Multiplikatorenverfahren als einfaches, schnell kalkulierbares und leicht verständliches Bewertungsverfahren angesehen wird und daher in der Praxis häufig Anwendung findet.[294] Damit einhergehend ist es mit geringem Zeitaufwand möglich, Orientierungshilfe für den Unternehmenswert zu bieten.[295] Ferner ist es von Vorteil, dass durch das Magazin ‚FINANCE' die branchenspezifischen Multiplikatoren in bestimmten Zeitabständen veröffentlicht werden.[296] Sie können sich jedoch schnell verändern.[297] Des

---

[291] Vgl. Ernst, Dietmar; Schneider, Sonja; Thielen, Bjoern: Unternehmensbewertungen…, a.a.O., S. 11 und Mandl, Gerwald; Rabel, Klaus: Methoden der…, a.a.O., S. 85.

[292] Vgl. Liebert, Melanie: Der Wert…, a.a.O., S. 312.

[293] Vgl. Högsdal, Nils; Brüggemann, Julia; Binder, Christoph: Unternehmensbewertung…, a.a.O., S. 50.

[294] Vgl. ebenda, S. 53 sowie Peppmeier, Arno; Wittstock, Anja: Börsengang…, a.a.O., S. 1229 und Castedello, Marc u. a.: Methodik…, a.a.O., S. 70.

[295] Vgl. Peppmeier, Arno; Wittstock, Anja: Börsengang…, a.a.O., S. 1228.

[296] Vgl. Liebert, Melanie: Der Wert…, a.a.O., S. 312.

[297] Vgl. Peemöller, Volker H.: Grundsätze…, a.a.O., S. 47.

Weiteren handelt es sich um ein statisches Bewertungsverfahren.[298] Folglich wird die zukünftige Unternehmensentwicklung nicht ausreichend betrachtet.[299] Neben den Kapitalkosten werden auch erforderliche Investitionen nicht berücksichtigt.[300] Ferner erscheint es problematisch, auf geeignete Vergleichsunternehmen zu stoßen.[301]

3.2.4 Realoptionsansatz

Der Realoptionsansatz wird in Ergänzung zu angesehenen Bewertungsmethoden, wie dem DCF- und Ertragswertverfahren verwendet.[302] Er stellt eine Anwendungsmöglichkeit für mehrere Bereiche dar, wie die Unternehmensbewertung oder Investitionsrechnung.[303] Grundsätzlich wird dieser Ansatz genutzt, wenn ein zu bewertendes Vorhaben viele Gestaltungsmöglichkeiten beinhaltet und sich in einem risikobehafteten Marktumfeld befindet.[304] Aufgrund der Tatsache, dass Unternehmensentwicklungen mit Unsicherheiten verknüpft sein können, sind hinsichtlich der Ertragsentwicklung verschiedene Szenarien denkbar.[305] Mögliche Ursachen liegen beispielsweise im verschärften Wettbewerb. Daher liegt der Schwerpunkt dieser Methode auf der Bewertung von Handlungsflexibilitäten.[306] Im Blickfeld befinden sich Handlungsspielräume, über deren Inanspruchnahme jedoch zu verschiedenen Zeitpunkten, entweder sofort oder später, entschieden werden kann.[307] Diese Realoptionen begünstigen die Entscheidungsfindung hinsichtlich anstehender Investitionen oder Desinvestitionen.[308] Erweiterungs-, Fortführungs- sowie

---

[298] Vgl. Peppmeier, Arno; Wittstock, Anja: Börsengang..., a.a.O., S. 1229.

[299] Vgl. ebenda, S. 1229 und Liebert, Melanie: Der Wert..., a.a.O., S. 312 f.

[300] Vgl. Liebert, Melanie: Der Wert..., a.a.O., S. 313.

[301] Vgl. Wollny, Christoph: Der objektivierte..., a.a.O., S. 34.

[302] Vgl. ebenda, S. 34.

[303] Vgl. Ernst, Dietmar; Schneider, Sonja; Thielen, Bjoern: Unternehmensbewertungen..., a.a.O., S. 12.

[304] Vgl. ebenda, S. 12.

[305] Vgl. Bachl, Robert: Einführung in die Unternehmensbewertung. Mit anschaulichen Berechnungsbeispielen! 5. Aufl., Wien, 2015, S. 15 und Peemöller, Volker H.; Beckmann, Christoph: Der Realoptionsansatz, a.a.O., S. 1585.

[306] Vgl. Müller, David: Realoptionsmodelle. In: Handbuch Unternehmensbewertung. Anlässe, Methoden, Branchen, Rechnungslegung, Rechtsprechung. Hrsg.: K. Petersen; C. Zwirner. 2. Aufl. Köln: 2017. S. 421-434, S. 422 und Ernst, Dietmar; Schneider, Sonja; Thielen, Bjoern: Unternehmensbewertungen..., a.a.O., S. 12. Vgl. auch Wollny, Christoph: Der..., a.a.O., S. 34.

[307] Vgl. Peemöller, Volker H.; Beckmann, Christoph: Der Realoptionsansatz, a.a.O., S. 1590.

[308] Vgl. Ernst, Dietmar; Schneider, Sonja; Thielen, Bjoern: Unternehmensbewertungen..., a.a.O., S. 12.

Abbruchoptionen sind als Beispiele zu nennen.[309] Sinnvoll erscheint eine Investition, wenn sie eine Unternehmenswertsteigerung herbeiführt.[310] Für diesen Zweck ist es unerlässlich, Alternativinvestitionen zu bewerten.[311] Grundlage hierfür bilden die zukünftig zu erhaltenden Informationen.[312] Ein finanzieller Vorteil resultiert aus der Chance, mit einer zukünftigen Entscheidung unter Berücksichtigung der Umweltzustände zu warten und sie folglich zu einem späteren Zeitpunkt zu treffen.[313] Damit einhergehend lässt sich beispielsweise erkennen, dass sich eine gewünschte, langfristig geplante Investition im Nachhinein als nicht lohnend herausstellt. Daraus resultiert, dass Realoptionen ein Wert zugeordnet werden kann.[314] In der Theorie haben sich dafür analytische und numerische Verfahren etabliert.[315] In der Bewertungspraxis findet diese Methode jedoch nur geringfügig Anwendung.[316] Eine Ausnahme bilden Situationen, in denen die Investition in ein Unternehmen mit der Chance verbunden ist, in einen anderen Markt einzutreten und folglich einen neuen Geschäftsbereich aufzubauen.[317] Abschließend lässt sich feststellen, dass die Umsetzung dieses Verfahrens aufgrund der aufwendigen Datensammlungen rasch zur Überschreitung des bewältigbaren Komplexitätsgrades führt.[318] Aus heutiger Sicht ist dieser Ansatz mit einer Spielwiese für Mathematiker gleichzusetzen.[319] Dies hat zur Konsequenz, dass die Ergebnisse immer komplexer werden.[320]

---

309 Vgl. Müller, David: Realoptionsmodelle, a.a.O., S. 426.

310 Vgl. Peemöller, Volker H.; Beckmann, Christoph: Der Realoptionsansatz, a.a.O., S. 1585.

311 Vgl. ebenda, S. 1585.

312 Vgl. ebenda, S. 1585.

313 Vgl. Müller, David: Realoptionsmodelle, a.a.O., S. 422 f. und Ernst, Dietmar; Schneider, Sonja; Thielen, Bjoern: Unternehmensbewertungen..., a.a.O., S. 12.

314 Vgl. Peemöller, Volker H.; Beckmann, Christoph: Der Realoptionsansatz, a.a.O., S. 1590 und Ernst, Dietmar; Schneider, Sonja; Thielen, Bjoern: Unternehmensbewertungen..., a.a.O., S. 12.

315 Vgl. Ernst, Dietmar; Schneider, Sonja; Thielen, Bjoern: Unternehmensbewertungen..., a.a.O., S. 12. Zur weiteren Ausführung des Themas *Bewertungsmodelle* vgl. Seppelfricke, Peter: Handbuch Aktien- und..., a.a.O., S. 112 ff.

316 Vgl. Bachl, Robert: Einführung..., a.a.O., S. 15 sowie Peemöller, Volker H.; Beckmann, Christoph: Der Realoptionsansatz, a.a.O., S. 1585 und Homburg, Carsten; Lorenz, Michael; Sievers, Sönke: Unternehmensbewertung..., a.a.O., S. 120.

317 Vgl. Bachl, Robert: Einführung..., a.a.O., S. 15.

318 Vgl. Peemöller, Volker H.; Beckmann, Christoph: Der Realoptionsansatz, a.a.O., S. 1610.

319 Vgl. ebenda, S. 1612.

320 Vgl. ebenda, S. 1612.

3.3 Betrachtung der Mischverfahren

3.3.1 Mittelwertverfahren

Generell ist festzuhalten, dass das Mittelwertverfahren eine Form des Mischverfahrens darstellt. Unter Anwendung dieser Methoden werden neben Elementen der Einzelbewertungsverfahren auch Bestandteile der Gesamtbewertungsverfahren bei der Bestimmung des Unternehmenswertes berücksichtigt.[321] Dabei besteht die Aufgabe des Mittelwertverfahrens darin, aus den Ergebnissen der Ertragswertmethode sowie der Substanzwertverfahren mit Reproduktionswerten (hier insbesondere dem Teilreproduktionswert) ein arithmetisches Mittel zu bilden.[322] Demnach wird zur Berechnung des Unternehmenswertes die nachfolgende Formel (9) herangezogen:[323]

$$UW_{MWV} = \frac{SW + EW}{2}$$

(9)

mit

UW_{MWV}	=	Unternehmenswert nach dem Mittelwertverfahren
SW	=	Substanzwertverfahren mit Reproduktionswerten
EW	=	Ertragswertverfahren

Eine zusätzliche Möglichkeit ergibt sich durch die verschiedene Gewichtung der beiden Verfahrensergebnisse.[324] Demnach ist es zum Beispiel möglich, den Substanz- oder den Ertragswert doppelt zu gewichten. So ist es etwa bei einem Unternehmen mit hoher Anlagenintensität, wie einem Produktionsbetrieb, sinnvoll, den Substanzwert höher zu gewichten als den Ertragswert.[325] Dagegen wäre es beispielsweise bei einem Unternehmen aus dem Dienstleistungsbereich mit geringer Anlagenintensität zweckmäßig, dem Ertragswert eine höhere Gewichtung

---

[321] Vgl. Wollny, Christoph: Der objektivierte…, a.a.O., S. 33 und Ballwieser, Wolfgang; Hachmeister, Dirk: Unternehmensbewertung…, a.a.O., S. 206.

[322] Vgl. Mandl, Gerwald; Rabel, Klaus: Methoden der…, a.a.O., S. 91 und Höpfl, Volker; Hülskamp, Frank: Unternehmensbewertung, a.a.O., S. 545.

[323] Vgl. Ballwieser, Wolfgang; Hachmeister, Dirk: Unternehmensbewertung…, a.a.O., S. 206. Die Notierung der Formelgleichung wurde angepasst.

[324] Vgl. Höpfl, Volker; Hülskamp, Frank: Unternehmensbewertung, a.a.O., S. 545.

[325] Vgl. Liebert, Melanie: Der Wert…, a.a.O., S. 299.

zuzuordnen. An dieser Stelle ist hinzuzufügen, dass sich die jeweilige Gewichtung der Methodenergebnisse aus subjektiven Annahmen ergibt und somit keiner betriebswirtschaftlichen Erklärung zuführbar ist.[326] Daran knüpft die Kritik, dass der Gewichtungsfaktor keinen objektiven Berechnungsanteil enthält und somit willkürlich gesetzt werden kann.[327] Ferner handelt es sich um ein mit großem Aufwand verbundenes Verfahren, da zunächst beide Ergebnisse kalkuliert und anschließend zusammengeführt werden müssen.[328] Befürworter dieser Methode sind der Ansicht, dass der zukunftsorientierte Ertragswert durch Bildung des Mittelwertes objektiviert wird.[329]

3.3.2 Übergewinnverfahren

Wie beim Mittelwertverfahren steht beim Übergewinnverfahren die kombinierte Einbeziehung der Substanz und Ertragskraft eines Unternehmens im Vordergrund.[330] Diese Methode geht von der Annahme aus, dass Unternehmen auf lange Sicht nur eine Normalverzinsung auf das verwendete Kapital bezogen erreichen können.[331] Diese basiert auf dem Zinssatz für langfristige Anleihen aus dem Inland.[332] Die über die Normalverzinsung hinausgehenden Mehrgewinne entstehen aufgrund definierter Einflüsse, wie einer besseren Konjunkturlage oder herausragender unternehmerischer Leistungen, und sind daher zeitlich begrenzt.[333] Folglich stellt der Übergewinn den Differenzbetrag dar, der über die Normalverzinsung hinausgeht, und wird mit einem höheren Zinssatz als jenem der Normalverzinsung verrechnet.[334] Das nachfolgende Schema zeigt die Kalkulation des Unternehmenswertes (Abbildung 3.5).

---

[326] Vgl. Ernst, Dietmar; Schneider, Sonja; Thielen, Bjoern: Unternehmensbewertungen..., a.a.O., S. 6 und Wollny, Christoph: Der objektivierte..., a.a.O., S. 33.

[327] Vgl. Ernst, Dietmar; Schneider, Sonja; Thielen, Bjoern: Unternehmensbewertungen..., a.a.O., S. 302.

[328] Vgl. ebenda, S. 302.

[329] Vgl. Liebert, Melanie: Der Wert..., a.a.O., S. 300 und Wollny, Christoph: Der objektivierte..., a.a.O., S. 33.

[330] Vgl. Ballwieser, Wolfgang; Hachmeister, Dirk: Unternehmensbewertung..., a.a.O., S. 206 f.

[331] Vgl. Mandl, Gerwald; Rabel, Klaus: Methoden der..., a.a.O., S. 91.

[332] Vgl. Ernst, Dietmar; Schneider, Sonja; Thielen, Bjoern: Unternehmensbewertungen..., a.a.O., S. 6.

[333] Vgl. Mandl, Gerwald; Rabel, Klaus: Methoden der..., a.a.O., S. 91 und Höpfl, Volker; Hülskamp, Frank: Unternehmensbewertung, a.a.O., S. 546.

[334] Vgl. Ernst, Dietmar; Schneider, Sonja; Thielen, Bjoern: Unternehmensbewertungen..., a.a.O., S. 6.

Substanzwert (Teilreproduktionswert)
+   Barwert der Übergewinne ("Firmenwert")
=   **Unternehmenswert nach dem Übergewinnverfahren**

Abbildung 3.5: Unternehmenswert nach dem Übergewinnverfahren

Quelle: Eigene Darstellung in Anlehnung an Höpfl, Volker; Hülskamp, Frank: Unternehmensbewertung, a.a.O., S. 546.

Genauer betrachtet errechnet sich der in Abbildung 3.5 erkennbare Übergewinn durch Subtraktion des Normalertrags von den in einem vorgegebenen Zeitraum erwarteten Erträgen.[335] Dabei wird der Normalertrag auf Grundlage der Verzinsung des Substanzwertes (Teilreproduktionswertes) gebildet.[336] Da der Übergewinn unter anderem aus subjektiven Einschätzungen berechnet wird und folglich für Außenstehende schwer nachvollziehbar ist, wird dieser Aspekt als Nachteil angesehen.[337] Des Weiteren spricht gegen dieses Verfahren, dass der Substanzwert eine wesentliche Grundlage bildet.[338] Das Stuttgarter Verfahren stellt eine besondere Form des Übergewinnverfahrens dar.[339] Hierbei handelt es sich um ein steuerrechtliches Verfahren, das der Berechnung der Erbschafts- und Vermögenssteuer dient.[340] Als Anwendungszweck gilt beispielsweise die Bewertung nicht notierter Aktien.[341] Durch Veränderungen im Bewertungsgesetz wurde das Stuttgarter Verfahren im Dezember 2008 abgeschafft.[342] Auch dem Übergewinnverfahren wird in der Praxis ein niedriger Stellenwert beigemessen.[343] Übergewinne sind jedoch für die wertorientierte Unternehmenssteuerung relevant. [344]

---

[335] Vgl. Höpfl, Volker; Hülskamp, Frank: Unternehmensbewertung, a.a.O., S. 546 und Ballwieser, Wolfgang; Hachmeister, Dirk: Unternehmensbewertung…, a.a.O., S. 207.

[336] Vgl. Höpfl, Volker; Hülskamp, Frank: Unternehmensbewertung, a.a.O., S. 546.

[337] Vgl. Ernst, Dietmar; Schneider, Sonja; Thielen, Bjoern: Unternehmensbewertungen…, a.a.O., S. 302.

[338] Vgl. Höpfl, Volker; Hülskamp, Frank: Unternehmensbewertung, a.a.O., S. 547 und Ballwieser, Wolfgang; Hachmeister, Dirk: Unternehmensbewertung…, a.a.O., S. 207.

[339] Vgl. Ernst, Dietmar; Schneider, Sonja; Thielen, Bjoern: Unternehmensbewertungen…, a.a.O., S. 7 und Ballwieser, Wolfgang; Hachmeister, Dirk: Unternehmensbewertung…, a.a.O., S. 207.

[340] Vgl. Ballwieser, Wolfgang; Hachmeister, Dirk: Unternehmensbewertung…, a.a.O., S. 207.

[341] Vgl. Ernst, Dietmar; Schneider, Sonja; Thielen, Bjoern: Unternehmensbewertungen…, a.a.O., S. 7.

[342] Vgl. Sieben, Günter; Maltry, Helmut: Der Substanzwert…, a.a.O., S. 839 und Ballwieser, Wolfgang; Hachmeister, Dirk: Unternehmensbewertung…, a.a.O., S. 207.

[343] Vgl. Ernst, Dietmar; Schneider, Sonja; Thielen, Bjoern: Unternehmensbewertungen…, a.a.O., S. 7.

[344] Vgl. ebenda, S. 302.

3.4 Fallbeispiel eines fiktiven Unternehmens

Für die praktische Veranschaulichung der vorgestellten Verfahren wird das fiktive Unternehmen ‚Aufzugsexperten AG‘ als Beispiel herangezogen. Das Unternehmen wurde im Jahr 2000 gegründet, beschäftigt derzeit rund 30 Mitarbeiter und ist nicht an der Börse notiert. Einleitend wird jedoch hervorgehoben, dass es sich bei den vorliegenden Unternehmenszahlen um fiktive Daten handelt, die nicht der Realität entsprechen. Anliegen des Unternehmens ist es, verschiedene Wertansätze im Hinblick auf einen möglichen Unternehmensverkauf zu kalkulieren. Im Vordergrund steht hierbei die Ermittlung des Unternehmenswertes auf Basis des FCF-, TCF- sowie Ertragswertverfahrens. Die große Anwendungshäufigkeit, die Berücksichtigung der finanziellen Überschüsse sowie die Zukunftsorientierung sind ausschlaggebende Kriterien für die Wahl dieser Methoden. Darüber hinaus wird zur Plausibilitätsprüfung komplementär das Multiplikatorenverfahren (mit den Bezugsgrößen Umsatz und EBIT) angewendet. Zur Vereinfachung wird für die Unternehmensbewertung mithilfe des Ertragswertverfahrens der Jahresüberschuss als Ertrag angesetzt. Die nachstehende Tabelle 3.2 enthält in einer zusammenfassenden Übersicht die vorliegenden Unternehmensdaten des Aufzugsunternehmens.

Zusammengefasste Unternehmensdaten der ‚Aufzugsexperten AG‘					
	Ist	Planjahre			Terminal Value
Perioden		Detailplanungsphase			
	2019	2020	2021	2022	2023 - ∞
Marktwert des verzinslichen Fremdkapitals*	1.400.000 €	1.540.000 €	1.617.000 €	1.665.510 €	1.682.165 €
Umsatzerlöse*	7.000.000 €	7.700.000 €	8.085.000 €	8.327.550 €	8.410.826 €
Earnings Before Interest and Taxes*	420.000 €	462.000 €	485.100 €	499.653 €	504.650 €
Jahresüberschuss *	241.920 €	264.600 €	274.890 €	281.843 €	283.303 €
Free Cashflow *		74.900 €	202.895 €	263.652 €	323.692 €
Total Cashflow *		95.900 €	225.995 €	287.907 €	348.675 €
Der Buchwert des verzinslichen Fremdkapitals entspricht dem Marktwert des verzinslichen Fremdkapitals.					
Umsatzwachstum		10%	5%	3%	1%
Eigenkapitalquote (Marktwert des Eigenkapitals / Marktwert des Gesamtkapitals)		70%			
Fremdkapitalquote (Marktwert des Fremdkapitals / Marktwert des Gesamtkapitals)		30%			
Steuersatz Tax Shield		25%			
Fremdkapitalkosten		6%			
Eigenkapitalkosten bei reiner Eigenfinanzierung *		7,879%			
WACC (FCF-Verfahren) - mit Tax Shield *		6,865%			
WACC (TCF-Verfahren) - ohne Tax Shield *		7,315%			
Wachstumsrate		1%			
EBIT-Multiple (Maschinen- und Anlagenbau)		von 6,5 - 8			
Umsatz-Multiple (Maschinen- und Anlagenbau)		von 0,69 - 0,91			
* Bei den dazugehörigen Werten handelt es sich um gerundete Werte.					

Tabelle 3.2: Unternehmensdaten der ‚Aufzugsexperten AG‘
Quelle: Eigene Darstellung.

In Tabelle 3.2 ist erkennbar, dass die ‚Aufzugsexperten AG' steigenden Umsatz prognostiziert. Dies ist darauf zurückzuführen, dass das Unternehmen vermehrt den Fokus auf Neukundengewinnung legt und zugleich versucht, bestehende Kundenverbindungen zu pflegen, indem in regelmäßigen Abständen Kundenveranstaltungen durchgeführt werden. Darüber hinaus stehen Mitarbeiterschulungen im Fokus. Ferner wird einhergehend mit der steigenden Prognoseunsicherheit ab dem Jahr 2023 für den Zeitraum danach eine jährliche konstante Wachstumsrate in Höhe von einem Prozent unterstellt. Die Multiplikatoren sind dem Magazin ‚FINANCE' entnommen. Aufbauend auf den Informationen sowie Annahmen wurden die Unternehmenswerte ermittelt und in der nachstehenden Tabelle 3.3 gegenübergestellt:

Ermittelte Unternehmenswerte der ‚Aufzugsexperten AG'	
Verfahren	**Wertermittlung und Ergebnisse**
Ertragswertverfahren	$UW_{EW} = \left(\dfrac{264.600\ €}{(1,07879)} + \dfrac{274.890\ €}{(1,07879)^2} + \dfrac{281.843\ €}{(1,07879)^3} + \dfrac{283.303\ €}{(0,07879 - 0,01) * (1,07879)^3}\right)$ $\approx$ **3.986.279 €** (= Marktwert des Eigenkapitals im Jahr 2019)
FCF-Verfahren	$EK^{MW} = \left(\dfrac{74.900\ €}{(1,06865)} + \dfrac{202.895\ €}{(1,06865)^2} + \dfrac{263.652\ €}{(1,06865)^3} + \dfrac{323.692\ €}{(0,06865 - 0,01) * (1,06865)^3}\right) -$ $1.400.000\ €$ $\approx$ **3.586.068€** (= Marktwert des Eigenkapitals im Jahr 2019)
TCF-Verfahren	$EK^{MW} = \left(\dfrac{95.900\ €}{(1,07315)} + \dfrac{225.995\ €}{(1,07315)^2} + \dfrac{287.907\ €}{(1,07315)^3} + \dfrac{348.675\ €}{(0,07315 - 0,01) * (1,07315)^3}\right) -$ $1.400.000\ €$ $\approx$ **3.586.070€** (= Marktwert des Eigenkapitals im Jahr 2019)
Multiplikatorenverfahren	Unter Anwendung der Umsatz-Multiples (zum Zeitpunkt 2019): $UW = 7.000.000\ € * 0,69 =$ **4.830.000 €** $UW = 7.000.000\ € * 0,91 =$ **6.370.000 €** *Der Wert kann zwischen den beiden Ergebnissen liegen.* Unter Zuhilfenahme der EBIT-Multiples (zum Zeitpunkt 2019): $UW = 420.000\ € * 6,5 =$ **2.730.000 €** $UW = 420.000\ € * 8\ \ \ =$ **3.360.000 €** *Der Wert kann zwischen den beiden Ergebnissen liegen.*

Tabelle 3.3: Unternehmenswerte der ‚Aufzugsexperten AG'
Quelle: Eigene Darstellung.

In der Gegenüberstellung wird sichtbar, dass je nach angewendeten Verfahren verschiedene Ergebnisse resultieren. Die Spannweite des Wertes reicht von 2.730.000 Euro bis zu 6.370.000 Euro.

3.5 Vergleich der unterschiedlichen Methoden

Die Vorstellung der einzelnen Methoden lässt erkennen, dass diese in ihrer Anwendbarkeit differieren und folglich unterschiedlich geeignet und etabliert sind. Die Art des Vorgehens orientiert sich jedoch maßgeblich am vorgegebenen Zweck, weshalb die Eignung der verschiedenen Verfahren zu prüfen ist.

Dabei besteht die Möglichkeit, dass auch mehrere Bewertungsmethoden geeignet sind. Hinsichtlich der Anwendungshäufigkeit wurde in Deutschland eine Studie durchgeführt. Die Resultate lauten wie folgt:

Anwendungshäufigkeit der Bewertungsverfahren							
Bewertungsverfahren	N	μ	1	2	3	4	5
DCF-Verfahren	138	4,1	4%	7%	12%	29%	49%
Ertragswertverfahren	134	3,6	11%	9%	19%	35%	26%
Multiplikatorverfahren	126	3,1	29%	6%	17%	25%	22%
Substanzwertverfahren	129	2,5	33%	18%	25%	18%	7%
Realoptionsansatz	118	1,2	87%	9%	3%	1%	0%
N = Anzahl der Nennungen; μ = arithmetisches Mittel; 1 = gar nicht; 2 = selten; 3 = gelegentlich; 4 = oft; 5 = immer							

Tabelle 3.4: Anwendungshäufigkeiten der Bewertungsmethoden
Quelle: Eigene Darstellung in Anlehnung an Homburg, Carsten; Lorenz, Michael; Sievers, Sönke: Unternehmensbewertung…, a.a.O., S. 120.

In Tabelle 3.4 ist erkennbar, dass das DCF-Verfahren an oberster Stelle steht, gefolgt vom Ertragswertverfahren. Auch im Vergleich mit anderen Ländern wie der Schweiz, in der ebenfalls eine entsprechende Studie durchgeführt wurde, ist ersichtlich, dass der DCF-Ansatz am häufigsten Anwendung findet.[345] Im unteren Bereich bewegen sich neben dem Realoptionsansatz das FTE- und APV-Verfahren.[346] Zur Unterstützung der Aussagen der Studien wurden Experteninterviews geführt. Die Antworten der Gesprächspartner beziehen sich auf die Anwendung der Verfahren aus praktischer sowie theoretischer Sicht. Der Partner und Spezialist im Bereich Unternehmensbewertung bei der Wirtschaftsprüfungsgesellschaft ‚KPMG' Dr. B. bringt zum Ausdruck, dass die kapitalwertorientierten Verfahren für Wertableitungen von entscheidender Bedeutung sind.[347] Besonderes Gewicht erhalten sie durch ihre Zukunftsorientierung, die Berücksichtigung finanzieller Überschüsse sowie die Einbeziehung des Unternehmensrisikos. Auch Prof. Dr. A. (Revisions- und Treuhandwesen; Steuerberater) teilt diese Einschätzung, da insbesondere bei Mergers and Acquisitions das Vorhandensein von Zukunftsinformationen ein

---

[345] Vgl. Turnes, Ernesto; Hauser, Marcus A. (2011). Angewandte Methoden zur Bewertung von Unternehmen und Investitionen (WWW-Seite, Stand: 01.11.2011). Internet: https://www.kmu-magazin.ch/finanzen-vorsorge/angewandte-methoden-zur-bewertung-von-unternehmen-und-investitionen (Zugriff: 04.02.2020, 16:45 MEZ).

[346] Vgl. ebenda.

[347] Vgl. B. (2020).

wesentlicher Bestandteil der Unternehmensbewertung ist.[348] In diesem Kontext hebt Prof. Dr. A. die FCF- sowie Ertragswertmethode mit der jeweiligen Kombination des CAPM hervor.[349] Darüber hinaus vertritt Dr. B. die Meinung, dass sich Multiplikatorenverfahren aufgrund der integrierten Marktorientierung für Preisfindungen eignen.[350] Im Wesentlichen bietet diese Methode eine unkomplizierte und schnelle Abwicklung und folglich Orientierungshilfe für eine Ersteinschätzung. Hierzu ergänzt Prof. Dr. Kihm (Certified Valuation Analyst), dass in Abhängigkeit des Anwendungsfalls, wie bei kleineren und mittelgroßen Unternehmen, Multiplikatorenverfahren geeignet sind.[351] Im Vergleich zur Bewertungspraxis ergeben sich aus theoretischer Sicht keine großen Unterschiede, da auch hier die kapitalwertorientierten Bewertungsverfahren am vorteilhaftesten erscheinen.[352] Im Hinblick auf kleine und mittlere Unternehmen empfindet Dr. C. (Forschungsschwerpunkte: Mergers and Acquisitions, Unternehmensbewertungen u. a.), dass sich Ertragswertverfahren aus theoretischer Sicht bevorzugt eignen, da deren Vorgehensweise individuell ist.[353] Dies zeigt sich unter anderem daran, dass bei der Berechnung des Kalkulationszinssatzes (bei subjektiver Entscheidungswertermittlung) die subjektive Risikoneigung Berücksichtigung findet. Ergänzend führt Prof. Dr. A. aus, dass der Einsatz der Bewertungsmethoden in direkter Korrespondenz mit dem Bewertungsziel erfolgen muss.[354] Beispielsweise eignen sich Zukunftsbewertungsverfahren im Falle einer Unternehmensfortführung. Demgegenüber sind verschiedene Verfahren verfügbar, die sich in der Praxis und Theorie als weniger geeignet herausgestellt haben. Dr. B. vertritt die Ansicht, dass Misch- und Einzelbewertungsverfahren oftmals unvollständig sind, bei fehlenden inhaltlichen Zusammenhängen.[355] Prof. Dr. Kihm schließt sich dieser Haltung an, indem er die schwierige Nachvollziehbarkeit der Methodengrundlagen thematisiert.[356] Während dem Substanzwertverfahren keine eigenständige Bedeutung zukommt, sind die Gewichtungen im Mittelwertverfahren willkürlich. Darüber hinaus weisen die Einzelbewertungsverfahren keine Zukunftsorientierung auf. Ferner führt Dr. B. aus, dass

---

[348] Vgl. A. (2020).

[349] Vgl. ebenda.

[350] Vgl. B. (2020).

[351] Vgl. D. (2020).

[352] Vgl. ebenda und B. (2020).

[353] Vgl. C. (2020).

[354] Vgl. A. (2020).

[355] Vgl. B. (2020).

[356] Vgl. D. (2020).

die Bewertung mithilfe kapitalwertorientierter Verfahren bei neuen, innovativen Konzepten unternehmerischen Handelns schwer umsetzbar ist, da zumeist ein begrenzter Informationsbestand vorliegt.[357] Übergreifend wird das Thema Digitalisierung[358] auf die zukünftige Entwicklung der verschiedenen Bewertungsmethoden keinen nennenswerten Einfluss haben.[359] Lediglich die Verknüpfung von Informationen lässt sich einfacher realisieren, da diese schneller und mit geringerem Ressourceneinsatz bestimmt werden können und damit zu einer Qualitätsverbesserung führen.[360]

---

[357] Vgl. B. (2020).

[358] Nach der Wortbedeutung geht es bei der *Digitalisierung* um die Übertragung analoger in digitale Informationen. Mit den digitalen Formaten lassen sich die Daten anschließend bearbeiten, kopieren sowie speichern. Vgl. Ballwieser, Wolfgang; Hachmeister, Dirk: Der Zusammenhang von Digitalisierung und Unternehmensbewertung. In: Digitalisierung und Unternehmensbewertung. Neue Objekte, Prozesse, Parametergewinnung. Hrsg.: W. Ballwieser; D. Hachmeister. Stuttgart: 2019. S. 11-33, S. 13.

[359] Vgl. ebenda, S. 29 und A. (2020).

[360] Vgl. A. (2020).

4 Fazit

Die Resultate der Bachelorarbeit lassen sich wie folgt zusammenfassen. Die Analyse hat ergeben, dass eine Vielfalt von Bewertungsanlässen existiert, die keiner einheitlichen Klassifizierung zuführbar sind. Dies zeigt, dass die Unternehmensbewertung ein aktuelles Hilfsmittel ist, das nicht nur beim klassischen Unternehmensverkauf Anwendung findet, sondern auch unternehmensinterne Zwecke (z. B. bei Kreditvergabe) erfüllen kann. Für die Auswahl der korrekten Bewertungsmethode ist die Kenntnis des Bewertungszwecks erforderlich. Im Zuge dessen haben sich in den vergangenen Jahrzehnten die Werttheorien weiterentwickelt. Als Resultat der Optimierung vorausgegangener Kritikpunkte der subjektiven und objektiven Theorie hat sich die Funktionenlehre verfestigt. In diesem Kontext werden die differenten Bewertungsfunktionen voneinander abgegrenzt, mit dem Ziel, Aufgaben der Unternehmensbewertung sichtbarer sowie klarer zu definieren und zu unterstreichen. Dabei werden Hauptfunktionen (z. B. Beratungs-, Vermittlungsfunktion) und Nebenfunktionen (Informationsfunktion etc.) unterschieden. Im Zuge dessen wird das Zweckadäquatsprinzip verdeutlicht. Die Anwendbarkeit der vorhandenen Bewertungsmethoden orientiert sich am jeweiligen verfolgten Bewertungsziel. Demnach haben verschiedene Verfahren ihre Berechtigung. Während im Falle einer Unternehmensfortführung Zukunftsbewertungsverfahren zum Tragen kommen, eignet sich das Substanzwertverfahren mit Liquidationswerten bei einer Unternehmenszerschlagung. Es ist ersichtlich, dass zahlreiche Verfahren zur Kalkulation des Unternehmenswertes herangezogen werden können. In Anbetracht des Ziels dieser Bachelorarbeit bestand die Aufgabe darin, das bevorzugte Verfahren zu benennen. Dabei haben sich die kapitalwertorientierten Methoden herauskristallisiert, wie das Ertragswert- und die DCF-Verfahren. Am häufigsten wird jedoch der FCF-Ansatz angewendet. In Deutschland und der Schweiz durchgeführte Studien bestätigen die große Anwendungshäufigkeit dieser Methoden, die sich als besonders zukunftsorientiert darstellen, da sie zukünftige finanzielle Überschüsse in die Bewertung miteinbeziehen. Insbesondere bei Mergers and Acquisitions spielen verfügbare Zukunftsinformationen im Rahmen der Unternehmensbewertung eine große Rolle. Ein exaktes Ergebnis ist jedoch mit hohem Aufwand verbunden und hängt maßgeblich davon ab, wie ausführlich die bereitgestellten Daten sind. Auch das Problem der Zirkularität ist im Hinblick auf die Anwendung des WACC-Ansatzes zu nennen. Zu seiner Bewältigung wird in der Praxis bevorzugt ein Iterationsprozess unter Zuhilfenahme von Computerprogrammen durchgeführt. Die Verarbeitung der Unternehmensdaten kann durch die Digitalisierung zügiger, aktueller, effizienter und mit größerer Sicherheit erfolgen und daher zu einer Qualitätsverbesserung führen. Auch die Mitwirkung künstlicher Intelligenz könnte die Umsetzung der Unternehmensbewertung vereinfachen. Aus den vorangegangenen Erläuterungen kann eine mögliche weiterführende Forschungsfrage formuliert werden: Wie lassen sich die Potenziale der Digitalisierung bestmöglich in die Unternehmensbewertung integrieren? Verbesserte Datenqualität sowie komplexere Computerprogramme würden folglich die Prognose zukünftiger finanzieller Überschüsse vereinfachen. Dies wäre eine Möglichkeit, die DCF-Verfahren weiter zu verbessern. Letztendlich wird es aber immer einen vom Einzelfall abhängenden, nicht generell quantifizierbaren Rest von Unsicherheit in den einzelnen Bestandteilen der DCF-Verfahren geben. Abschließend ist jedoch festzuhalten, dass der zustande gekommene Kaufpreis eines Unternehmens im Endeffekt immer das Ergebnis einer Einigung und Kompromissfindung zwischen den beiden Vertragsparteien ist.

Literaturverzeichnis

Printmedien (Monografien, Sammelwerke etc.)

Bachl, Robert: Einführung in die Unternehmensbewertung. Mit anschaulichen Berechnungsbeispielen! 5. Aufl., Wien, 2015.

Baetge, Jörg u. a.: Darstellung der Discounted Cashflow-Verfahren (DCF-Verfahren) mit Beispiel. In: Praxishandbuch der Unternehmensbewertung. Grundlagen und Methoden, Bewertungsverfahren, Besonderheiten bei der Bewertung. Hrsg.: V. H. Peemöller. 7. Aufl. Herne: 2019. S. 409-569.

Ballwieser, Wolfgang; Hachmeister, Dirk: Unternehmensbewertung. Prozess, Methoden und Probleme. 5. Aufl., Stuttgart, 2016.

Ballwieser, Wolfgang; Hachmeister, Dirk: Der Zusammenhang von Digitalisierung und Unternehmensbewertung. In: Digitalisierung und Unternehmensbewertung. Neue Objekte, Prozesse, Parametergewinnung. Hrsg.: W. Ballwieser; D. Hachmeister. Stuttgart: 2019. S. 11-33.

C., Stefan: Unternehmensbewertung der Mittel- und Kleinbetriebe. Betriebswirtschaftliche Verfahrensweisen. 5. Aufl., Bd. 69, Berlin, 2012.

Castedello, Marc u. a.: Methodik der Unternehmensbewertung. In: Bewertung und Transaktionsberatung. Betriebswirtschaftliche Bewertungen, Due Diligence, Fairness Opinions u. a. Hrsg.: Institut der Wirtschaftsprüfer in Deutschland e.V. WPH Edition, Düsseldorf: 2018. S. 1-185.

Diedrich, Ralf; Dierkes, Stefan: Kapitalmarktorientierte Unternehmensbewertung. Stuttgart, 2015.

Drukarczyk, Jochen; Schüler, Andreas: Unternehmensbewertung. 7. Aufl., München, 2016.

Ernst, Dietmar; Schneider, Sonja; Thielen, Bjoern: Unternehmensbewertungen erstellen und verstehen. Ein Praxisleitfaden. 6. Aufl., München, 2018.

Hannes, Frank; König, Jan: Die Rechtsprechung zur Unternehmensbewertung. In: Praxishandbuch der Unternehmensbewertung. Grundlagen und Methoden, Bewertungsverfahren, Besonderheiten bei der Bewertung. Hrsg.: V. H. Peemöller. 7. Aufl. Herne: 2019. S. 1513-1550.

Henselmann, Klaus: Geschichte der Unternehmensbewertung. In: Praxishandbuch der Unternehmensbewertung. Grundlagen und Methoden, Bewertungsverfahren, Besonderheiten bei der Bewertung. Hrsg.: V. H. Peemöller. 7. Aufl. Herne: 2019. S. 97-132.

Högsdal, Nils; Brüggemann, Julia; Binder, Christoph: Unternehmensbewertung mittels Multiples. In: Controlling & Management Review, 61. Jg., (2017) Heft 6, S. 48-53.

Höpfl, Volker; Hülskamp, Frank: Unternehmensbewertung. In: Kauf, Verkauf und Übertragung von Unternehmen. Hrsg.: H.-U. Lang; C. Ossola-Haring. 2. Aufl. Weil im Schönbuch: 2015. S. 496-552.

Homburg, Carsten; Lorenz, Michael; Sievers, Sönke: Unternehmensbewertung in Deutschland: Verfahren, Finanzplanung und Kapitalkostenermittlung. In: Controlling & Management Review, 55. Jg., (2011) Heft 2, S. 119-130.

Ihlau, Susann; Duscha, Hendrik: Besonderheiten bei der Bewertung von KMU. Planungsplausibilisierung, Steuern, Kapitalisierung. 2. Aufl., Wiesbaden, 2019.

Ihlau, Susann; Duscha, Hendrik: Liquidationswert. In: Praxishandbuch der Unternehmensbewertung. Grundlagen und Methoden, Bewertungsverfahren, Besonderheiten bei der Bewertung. Hrsg.: V. Peemöller. 7. Aufl. Herne: 2019. S. 865-890.

Institut der Wirtschaftsprüfer in Deutschland e.V. (IDW): IDW Standard: Grundsätze zur Durchführung von Unternehmensbewertungen (IDW S1). Stand: 04.07.2016, Düsseldorf, 2017.

Liebert, Melanie: Der Wert eines Unternehmens. In: Unternehmens- und Praxisübertragungen. Entgeltliche und unentgeltliche Übertragungen von Einzelunternehmen und Gesellschaftsanteilen, Nachfolgeregelungen in Zivil- und Steuerrecht, Unternehmensbewertung. Hrsg.: P. Wollny. 8. Aufl. Herne: 2015. S. 257-353.

Löhnert, Peter G.; Böckmann, Ulrich J.: Multiplikatorverfahren in der Unternehmensbewertung. In: Praxishandbuch der Unternehmensbewertung. Grundlagen und Methoden, Bewertungsverfahren, Besonderheiten bei der Bewertung. Hrsg.: V. H. Peemöller. 7. Aufl. Herne: 2019. S. 841-863.

Maier, David A.: Bewertungsanlässe und -funktionen. In: Unternehmensbewertung für Praktiker. Hrsg.: G. Kranebitter; D. A. Maier. 3. Aufl. Wien: 2017. S. 3-26.

Maier, David A.: Discounted-Cash-Flow-Verfahren. In: Unternehmensbewertung für Praktiker. Hrsg.: G. Kranebitter; D. A. Maier. 3. Aufl. Wien: 2017. S. 37-71.

Mandl, Gerwald; Rabel, Klaus: Methoden der Unternehmensbewertung (Überblick). In: Praxishandbuch der Unternehmensbewertung. Grundlagen und Methoden, Bewertungsverfahren, Besonderheiten bei der Bewertung. Hrsg.: V. H. Peemöller. 7. Aufl. Herne: 2019. S. 51-96.

Matschke, Manfred J.: Grundzüge der funktionalen Unternehmensbewertung. In: Handbuch Unternehmensbewertung. Anlässe, Methoden, Branchen, Rechnungslegung, Rechtsprechung. Hrsg.: K. Petersen; C. Zwirner. 2. Aufl. Köln: 2017. S. 31-51.

Matschke, Manfred J.; Brösel, Gerrit: Funktionale Unternehmensbewertung. Eine Einführung. Wiesbaden, 2014.

Meitner, Matthias: Der Terminal Value in der Unternehmensbewertung. In: Praxishandbuch der Unternehmensbewertung. Grundlagen und Methoden, Bewertungsverfahren, Besonderheiten bei der Bewertung. Hrsg.: V. H. Peemöller. 7. Aufl. Herne: 2019. S. 711-761.

Müller, David: Realoptionsmodelle. In: Handbuch Unternehmensbewertung. Anlässe, Methoden, Branchen, Rechnungslegung, Rechtsprechung. Hrsg.: K. Petersen; C. Zwirner. 2. Aufl. Köln: 2017. S. 421-434.

Peemöller, Volker H.: Anlässe der Unternehmensbewertung. In: Praxishandbuch der Unternehmensbewertung. Grundlagen und Methoden, Bewertungsverfahren, Besonderheiten bei der Bewertung. Hrsg.: V. H. Peemöller. 7. Aufl. Herne: 2019. S. 17-29.

Peemöller, Volker H.: Grundsätze ordnungsmäßiger Unternehmensbewertung. In: Praxishandbuch der Unternehmensbewertung. Grundlagen und Methoden, Bewertungsverfahren, Besonderheiten bei der Bewertung. Hrsg.: V. H. Peemöller. 7. Aufl. Herne: 2019. S. 31-50.

Peemöller, Volker H.: Wert und Werttheorien. In: Praxishandbuch der Unternehmensbewertung. Grundlagen und Methoden, Bewertungsverfahren, Besonderheiten bei der Bewertung. Hrsg.: V. H. Peemöller. 7. Aufl. Herne: 2019. S. 1-15.

Peemöller, Volker H.; Beckmann, Christoph: Der Realoptionsansatz. In: Praxishandbuch der Unternehmensbewertung. Grundlagen und Methoden, Bewertungsverfahren, Besonderheiten bei der Bewertung. Hrsg.: V. H. Peemöller. 7. Aufl. Herne: 2019. S. 1583-1614.

Peemöller, Volker H.; Kunowski, Stefan: Ertragswertverfahren nach IDW. In: Praxishandbuch der Unternehmensbewertung. Grundlagen und Methoden, Bewertungsverfahren, Besonderheiten bei der Bewertung. Hrsg.: V. H. Peemöller. 7. Aufl. Herne: 2019. S. 333-408.

Peppmeier, Arno; Wittstock, Anja: Börsengang und Unternehmensbewertung. In: Das Wirtschaftsstudium (WISU), 47. Jg., (2018) Heft 11, S. 1225-1235.

Schmalenbach, Eugen; Bauer, Richard: Die Beteiligungsfinanzierung. 9. Aufl., Köln, Opladen, 1966.

Schmidlin, Nicolas: Unternehmensbewertung & Kennzahlenanalyse. Praxisnahe Einführung mit zahlreichen Fallbeispielen börsennotierter Unternehmen. 2. Aufl., München, 2013.

Seppelfricke, Peter: Handbuch Aktien- und Unternehmensbewertung. Bewertungsverfahren, Unternehmensanalyse, Erfolgsprognose. 4. Aufl., Stuttgart, 2012.

Sieben, Günter; Maltry, Helmut: Der Substanzwert der Unternehmung. In: Praxishandbuch der Unternehmensbewertung. Grundlagen und Methoden, Bewertungsverfahren, Besonderheiten bei der Bewertung. Hrsg.: V. H. Peemöller. 7. Aufl. Herne: 2019. S. 815-839.

Steger, Johann: Kennzahlen und Kennzahlensysteme. Mit einem durchgängigen Fallbeispiel und Lösungen. 3. Aufl., Herne, 2017.

Wollny, Christoph: Der objektivierte Unternehmenswert. Unternehmensbewertung bei gesetzlichen und vertraglichen Bewertungsanlässen. 3. Aufl., Herne, 2018.

Zwirner, Christian: Unternehmensbewertung im Mittelstand. Überblick und
Empfehlungen für die Praxis. In: NWB Unternehmenssteuern und Bilanzen (StuB), Beilage zu Heft 7/2014, S. 1-16.

Internetquellen

FINANCE Magazin (2019). FINANCE-Multiples 06/2019: Skalierbarkeit zieht
(WWW-Seite, Stand: 07.11.2019). Internet: https://www.finance-maga-
zin.de/research/finance-multiples/archiv/2019/finance-multiples-
062019-skalierbarkeit-zieht-2047481/ (Zugriff: 10.01.2020, 12:44 MEZ).

Kaeckenhoff, Tom; Steitz, Christoph (2019). Thyssenkrupp rührt vor Elevator-
Verkauf die Werbetrommel (WWW-Seite, Stand: 11.12.2019). Internet:
https://de.reuters.com/article/deutschland-thyssenkrupp-id-
DEKBN1YF1I9 (Zugriff: 12.12.2019, 13:28 MEZ).

Turnes, Ernesto; Hauser, Marcus A. (2011). Angewandte Methoden zur Bewertung von Unternehmen und Investitionen (WWW-Seite, Stand:
01.11.2011). Internet: https://www.kmu-magazin.ch/finanzen-vor-
sorge/angewandte-methoden-zur-bewertung-von-unternehmen-und-in-
vestitionen (Zugriff: 04.02.2020, 16:45 MEZ).